U0657263

中共秦皇岛市海港区委宣传部编

溯源 海港区的文化名片

风物大观

—— 风光物产中的自然与人文 ——

港口·玻璃·长城·地质

燕山大学出版社

图书在版编目（CIP）数据

风物大观 / 中共秦皇岛市海港区委宣传部编 . —秦皇岛：燕山大学出版社，2017.9
（2019.5 重印）

（溯源丛书）

ISBN 978-7-81142-474-4

Ⅰ．①风… Ⅱ．①中… Ⅲ．①地方文化－介绍－秦皇岛 Ⅳ．① G127.224

中国版本图书馆 CIP 数据核字（2017）第 258597 号

风物大观

中共秦皇岛市海港区委宣传部 编

出 版 人：陈　玉

责任编辑：孙志强

封面设计：于文华

出版发行：燕山大学出版社　YANSHAN UNIVERSITY PRESS

地　　址：河北省秦皇岛市河北大街西段 438 号

邮政编码：066004

电　　话：0335-8387555

印　　刷：北京建宏印刷有限公司

经　　销：全国新华书店

开　　本：700mm×1000mm　1/16　　印　张：12.25

字　　数：130 千字　　插　页：8

版　　次：2017 年 9 月第 1 版　　印　次：2019 年 5 月第 2 次印刷

书　　号：ISBN 978-7-81142-474-4

定　　价：38.00 元

版权所有　侵权必究

如发生印刷、装订质量问题，读者可与出版社联系调换

联系电话：0335-8387718

色彩瑰丽的海上日出

秦皇岛港

秦皇岛港口博物馆室外展区的蒸汽机车

秦皇岛电力博物馆

秦皇岛市玻璃博物馆

秦皇岛市玻璃博物馆

耀华玻璃现代化生产线

秦皇岛市玻璃博物馆外景

红装素裹的板厂峪长城

拿子峪长城春花

春天的破城子长城

义院口关东侧长城

柳江地学博览园

组成岩石为古生界寒武系下统府君山组石灰岩距今5.7亿年

地质奇迹——象鼻山

柳江地质博物馆展厅

古火山口——石简峡

序

　　海港区的历史很短，自 1956 年建区至今只有短短的 61 年。海港区的文脉很深，从公元前 215 年秦始皇东巡碣石、望海祈福，这片土地承载着 2200 多年的历史，可谓一个鹤发童颜的智慧长者。

　　千年的沧海桑田，形成了海港区山、海、湿地、地质奇观共融的自然环境，塑造了不可多得的生态资源。南临渤海、北倚群山的独特地理，让海港区见证了从南北朝时期北齐修筑边墙抵御胡虏，到明代军事将领戚继光重修长城的御敌史；也经历了从昔日的小渔村、小码头到改革开放、城市快速崛起的开放史，海港区在历史风云中历经沧桑，积累了宝贵的人文财富，成就了这座城市独特的文化底蕴。浩瀚的大海、起伏的群山涵养了不可多得的生态资源，也演绎出了山海相依、港城互融的文化特色。自然与人文交相辉映，生态与文明相得益彰，造就了海港区璀璨的文化气象和厚重的文化底蕴。历史格外厚爱这片幸运的土地，时代特别钟情这片宜居宜业宜游的热土。地理、历史、文学、艺术、民俗、典故，都成为海港区的文化之源。

　　在新时期的发展实践中，海港区人以历史文化为基石，不断突破创新，敞开胸怀同世界接轨，以海纳百川的气度吸纳一切新鲜事物、成功经验，并内化为前行的不竭动力，形成了"开放、包容、崇德、尚美"的海港精神。这是海港区地域文化最核心的内容，也是最具时代特点的价值追求。如果说海港文化是一条历史长河，那么海港精神就是这条长河当中最具活力、魅力的文化传承。海港区的自然环境经历了何种变迁？海港区的民间文化沿着怎样的脉络绵延至今？海港区人如何筚路蓝缕使港城呈现今日模样？作为海港区的建设者、海港精神的传承者，我们有责任回溯历史，把海港区发展之路记录好、挖掘好、整理好，让更多的人了解海港区、热爱海港区，为此，我们编写出版"溯源"这套丛书，追溯海港区历史源头，提升海港区的文化魅力，推进物质文明与精神文明协调发展，让群众共享文明成果。

回顾历史是为更好地向前走。当前，海港区正处在转型发展、跨越崛起的关键时期，新的动能正在集聚，新的业态正在孕育，新的作风正在形成，这是海港区千载难逢的历史性契机，也是海港区最接近"美丽港城"梦想的重要时期。将全省最大的城市中心区发展成全省最好的城市中心区，打造一流主城区和沿海经济增长极是每一名海港区人的使命与责任。区域的发展更需要文化的助力和支撑。编写"溯源"就是要挖掘文化底蕴、展示人文特色、弘扬海港精神，激励海港区人从历史文化中吸取养分，提高文明素养，提升城市的软实力、竞争力。如能引读者探究海港区的历史，投身港城建设，此书也就实现了它的价值。

中共秦皇岛市委常委、海港区委书记

冯国林

2017 年 9 月

· 目 录 ·

港口文化

一馆融古今

——带你走进港口博物馆

张立军

　　秦皇岛是个港口城市，以港兴市是这个城市经济发展的重要特点。秦皇岛市的历史可以说就是秦皇岛港的发展历史，在这个城市之前的多数时期，道南靠近东南沿海一带的地域，其经济水平、文化气象都远远高于道北的城区。

　　秦皇岛自开港以来，已经度过了将近两个甲子，港口博物馆以大量史料展品记录了这一百多年的历史。

　　秦皇岛港口博物馆是由河北港口集团建设的一个社会公益性文化项目。博物馆核心展区位于国家级文物保护单位——原秦皇岛开滦矿务局高级员司俱乐部旧址。

　　高级员司俱乐部是旧开滦时期港口高级职员的文化生活娱乐场所，1911 年动工修建，如今已有 100 多年的历史。2004 年年初被确定为秦皇岛市文物保护单位，2008 年被确定为河北省文物保护单位，2013 年 5 月 3 日，包括该建筑在内的秦皇岛近代港口建筑群被确定为国家级文物保护单位。

秦皇岛港口博物馆馆内分为港口起源、古代碣石港、近代自开港、现代枢纽港四大主题，以秦皇岛港发展史为基本脉络，通过文字说明、图片展示、文物展览、模型演示、三维动画、场景再现等多种形式，展示了秦皇岛港形成、发展、壮大的全过程以及百年大港悠久的历史和深厚的文化底蕴。

栖身幽槐翠柏中

博物馆掩映在葱郁的槐柏之间。

走进博物馆，首先进入眼帘的是院内停放的一台机车。这是20世纪80年代秦皇岛港使用的蒸汽机车。20世纪90年代中期，港口设备升级，蒸汽机车被内燃机车所取代，这台机车到唐山开滦煤矿服役，2010年3月从唐山迁回。这是目前秦皇岛地区仅存的一台蒸汽机车。

博物馆院内，脚下铺的是一种特殊的砖块，叫开滦缸砖，它有近百年的历史。当年，开滦矿务总局为发展多种经营，除煤以外，还一直生产一种火泥砖，俗称开滦缸砖。这种砖选用唐山一带产的混合火泥，采用当时最先进的制砖机和砖窑烧制，用新式西法烘烤，质量非常好。当时天津英法各租界的楼房、地面，上海的海关大楼、开滦码头、香港政府、九龙码头的建筑和地面等都用这种缸砖。

砖上刻的"KMA"字样是开滦矿务总局的英文缩写。

博物馆院子北侧是一套水泥桌椅。民国四年（1915年）6月，意大利佛罗伦萨市议员沃森姆女士考察秦皇岛港时，曾在南山饭店居住过，在饭店门前建水泥桌椅并刻字留念。水泥椅上刻有"ERECTED BY FLORENCE LADY WALSHAM JUNE.1915"英文字样,译成汉语为"1915年6月,佛罗伦萨沃森姆女士建立留念"。

院子中还有一组群雕,表现的是20世纪80年代初期,全港掀起"学技术、练本领"热潮,青年职工开展"技术练兵"活动的情景。

博物馆正对中厅的北侧院内是一幅书法浮雕,此浮雕是按照1988年书法大师范曾先生为秦皇岛港所留墨宝而刻制。

书法浮雕两侧分别是:唐太宗李世民东征高句丽回师途中,经过此地写下的《春日望海》和清代诗人陆开泰所写的诗文《秦岛渔歌》。

进入博物馆建筑之内,首先要进入中厅。迎面是港口博物馆主题造型锚和缆桩。锚和缆桩均为实物,锚代表船舶,确切地讲是停下来的船舶;缆桩代表码头,组合在一起,寓意为港口。大厅的右侧墙面悬挂一幅横轴,是清朝光绪皇帝1898年钦批的《添开秦皇岛口岸折》。这份批件的原件现保存在国家历史档案馆。世界上港口有几千个,皇帝钦批开港的却寥寥无几,秦皇岛港有幸成为其中的一例。秦皇岛港的形象为"天开良港,与时俱进",其中"天开"二字既是天开海岳成良港的真实写照,又有天子钦批开港之意。中厅正面右侧墙上是古代海上丝绸之路图,喻示着中国古老的海洋文化及悠久的航海历史。左侧为秦皇岛港与世界各国及地区通航图,秦皇岛港与世界上100多个国家和地区有着贸易往来,是著名的国际贸易港口。

千古王气已成空

一号展厅位于中厅左侧,此处原为高级员司俱乐部的舞厅兼电影放映室。阔大的壁炉、二楼放映室及通往二楼的木制楼梯均保持着100多年前的原貌。当年的高级员司在这里休闲跳舞、观看影片,张学良将军和赵四小姐也曾在这里翩翩起舞。

秦皇岛位于华北与东北的衔接地带,东有万里长城之首老龙头、雄襟万里"天下第一关",西有著名的旅游避暑胜地北戴河,南临浩瀚渤海,北依燕山山脉。自古以来就是兵家必争之地,为历代君王所关注。这里曾一度"千里帆影,万载潮声",甲午战争后,被清政府正式开辟为通商口岸。

一号展厅展陈内容分为港口起源、古代碣石港和近代自开港三个部分。

秦皇岛沿海一带古称碣石,自然形成许多优良港湾。秦皇岛港作为港口功能的存在已经有两千多年的历史了。夏商时代,即有舟楫出没。春秋战国以来,已经成为历代重要的通商门户。

毛泽东著名的词作《沁园春·雪》中提到的秦皇汉武、唐宗宋祖,其中有三位曾到过碣石港。厅内展示的几幅图画演示了帝王们与秦皇岛的渊源。

一是秦始皇父子出巡碣石及求仙路线图。公元前215年,秦始皇东巡碣石,刻《碣石门辞》,并派人在秦皇岛入海求长生不老药,秦皇岛因此而得名。秦皇岛也成为我国唯一一座以帝王尊号来命名的城市。

二是秦始皇嬴政拜荆图。秦始皇,名嬴政。他巡视碣石,给后世留下了很多故事。明朝万历年间,蒋一葵的《长安客话》中记载了一则始皇涉水上秦皇岛拜荆的传说:据说山海关南六里有孤山,屹然独立于海上,四面皆水……秦始皇来到山上后,看到山上的荆棘,非常吃惊地说:"这是我幼年读书时老师用的教鞭啊！"于是连忙下马跪拜，山上的荆棘也都垂首向地，如顿伏状，至今犹然。

三是汉武帝刘彻海上北巡碣石路线图。公元前110年，汉武帝刘彻巡视碣石，从山东率船队涉海建"汉武台"，开一代天子横渡渤海的先河。

四是魏武帝曹操北征乌桓时登临碣石路线图。公元207年，魏武帝曹操北定乌桓班师途经碣石，登碣石，观沧海，写下了名垂千古的诗篇《观沧海》。

五是唐太宗李世民东征途经秦皇岛沿海海运路线图。公元645年，唐太宗李世民率师东征高句丽，班师途中经过此地，赋《春日望海》，抒发豪情，并登临碣石，刻石纪功。

另有卢龙平州港码头、山海关码头位置图及遗址照片。平州码头和山海关码头是古代秦皇岛地区两个重要的人工寄泊港。平州港建在卢龙县青龙河畔，兴盛于隋唐时期。码头庄港建在山海关潮河口，兴盛于明清时期。平州港打破了秦皇岛地区只有自然港湾的局面。码头庄港则推动了人工港取代自然港的演变进程。

一组古拙朴素的先秦时期的石斧、陶罐、瓦当、刀币显得厚重大气。这是20世纪80年代，考古工作者在秦皇岛地区发现的历史文物，证明秦皇岛沿海的航海业曾有过灿烂辉煌的历史。

天开口岸多跌宕

近代中国沿海港口有约开口岸和自开口岸之分。约开口岸为列强通过不平等条约胁迫中国政府对外开放的口岸，自开口岸是指中国政府自主宣布开放的口岸。秦皇岛港为自开口岸。

因拥有海域宽敞、水深礁少、不冻不淤等得天独厚的自然条件，又因距京秦铁路近，是华北、东北两大经济区的咽喉要道和北京重要门户，居于海陆要冲之区、京畿门户密防之地，清政府决定在秦皇岛建港。1898 年（清光绪二十四年）3 月 26 日，光绪皇帝钦批"依议钦此"，秦皇岛自行开埠。这是当时中国北方沿海唯一的一个主权港口。

清朝政府宣布秦皇岛自开口岸的消息，立即引起国内外的瞩目和重视。上海《时务报》、英国《泰晤士报》《伦敦中国报》和日本《经济报》等众多媒体纷纷进行了报道或评论。

1899 年，针对秦皇岛开港后帝国主义抢购秦皇岛地区地亩的情况，清政府为维护新开的秦皇岛港，曾照会英国使臣，"查秦皇岛沿海至赤土山二十余里，开平矿务局暂行圈留，系为择建码头及各项公用起见，所余地段，仍准备商民买办"。厅里展有一张根据当时秦皇岛开港购买的土地绘制的地图，秦皇岛港当时的地界从西盐务一直至北戴河赤土山。

1899 年 4 月，根据英国工程师的码头建设方案，防波堤及木质栈桥开始修筑。1900 年 6 月，义和团为反击八国联军在秦皇岛登陆，焚毁了木质栈桥，拆除了港域铁路专用线，筑港工程随之中断。1900 年 9 月，码头续建工程开始。大小码头为木质框架式栈桥码头，易受海蚀和虫蛀，1908 年木桩基已被虫蛀损坏严重，于是采用大型工字钢进行加固，同时加宽码头作业面。1914 年港口主体工程大小码头的七个生产泊位初具规模。港口自备铁路形成网络，线路总长 30 公里。

张翼是秦皇岛港开港的倡议者及创办人，也是开平矿务局和秦皇岛港主权的出卖者。1896 ～ 1900 年，清政府及北洋大臣委派张翼筹办秦皇岛开埠及筑港事宜。从 1896 年起，张翼派人先后踏勘秦皇岛至北戴河沿海地势、海洋水文、气象，并以开平矿务局垫款和个人垫款形式，陆续购买和租用沿海 4 万多亩地。1897 年于秦皇岛修筑临时码头，1898 年与工程技术人员进一步详细勘察秦皇岛港湾，拟定筑港施工方案及筹款计划，为大规模兴建港口及后来秦皇岛港的崛起奠定了重要基础。

胡佛，美国人，是英国当时最大的矿业集团墨林公司派驻开平矿务局的总矿师。胡佛是港权出卖的始作俑者，1900 年 7 月，他代表英国墨林公司与德璀琳签订了出卖开平煤矿的"契约"，使英商凭空攫取了开平煤矿和秦皇岛港主权。胡佛后为美国第三十一任总统，其参与总统竞选的经费大多是从开滦及秦皇岛港捞取的。

袁世凯时任北洋大臣、直隶总督，在争取港权回归上做了很多努力，发现矿港权被卖后，曾三次上奏光绪皇帝，光绪皇帝也曾三次下旨要求收回，但都无功而返。

秦皇岛刚刚开港不久，就被英国最大的矿业财团墨林公司攫取，一直到新中国成立初期。在长达半个多世纪的"港权"之争中，港权一直在英国资本家和日本军方的管控之下。

1900 年八国联军入侵和义和团运动成为英国墨林公司攫取开平煤矿及秦皇岛港主权的契机。义和团运动爆发后，英国海军以饲养鸽子为义和团通风报信、"私通拳匪"的罪名将张翼拘捕，德璀琳乘机胁迫张翼把开平产业置于英国的保护之下。光绪二十七年（1901 年），张翼谎奏朝廷，说开平矿务局是"中英合办"，遂被英国非法攫取，在伦敦注册，更名为开平矿务有限公司。港口更名为开平公司秦皇岛经理处。至此，开平及港口主权沦落于英国人手中。

矿港更名后，英方不允许在港口悬挂大清主权象征的龙旗。港口职工不满英方的霸道行径，强行在港口办公楼前升起龙旗。英方公开抗议，并强迫降下龙旗。这就是著名的"龙旗"事件。

光绪二十九年（1903年），在时任北洋大臣和直隶总督袁世凯的三次参奏下，清政府责令张翼限期收回开平矿及港口权益。1904年，张翼赴英国伦敦控告英商。1905年3月1日，伦敦高等法院终审虽判决张翼"胜诉"，但又因产业在中国，法院不能直接命令被告履行，港矿权益仍被英国人把持。

1906年，袁世凯命人筹办滦州煤矿，企图"以滦并开""以滦收开"。但从滦矿成立之日起，开平即与之抗衡，垄断铁路、码头，削价倾销开煤，陷滦矿于困境。1912年年初，滦州公司与开平达成协议，成立了开滦矿务总局，"以滦收开"变成了"以开并滦"。

1926年，滦矿成立"收开"处，并订立"收开"事务处组织章程。1930年河北省矿务局管理委员会提出"收复秦皇岛口岸计划书"，明令秦皇岛市政府将港区土地收归国有。后因当局上下互相推诿，致使收回主权事宜不了了之。

1934年，开滦矿务总局向南京政府"预缴矿税"100万元，同时呈上"联合补充合同"，明确两矿资产合并，国民党政府为其颁发了《采矿执照》，确立了英国对开滦煤矿及秦皇岛港主权的"法律保障"。

禽来兽走几匆匆

20世纪三四十年代，日军发动侵华战争。日本军事当局凭借武力对开滦矿务总局施加压力。攫取开滦的英国人顺应形势，借助日本军事力量，维持矿区和港口的生产运输，希望英日之间建立"和谐合作"关系。1936年年初，英日进一步达成"协议"，日本向开滦矿务总局及其所属唐山矿区和秦皇岛港派驻顾问。"七七事变"后，日本侵略军先后在秦皇岛港设立"联络室""海军武官室"，直接控制了港口的装卸运输生产和对外贸易。1942年，太平洋战争爆发，英日成为交战国后，日军当即全面接管秦皇岛港，对港口实行军管。

1945年日本无条件投降后，国民党政府和美日勾结，阻挠八路军接管港口和矿山。10月，国民党政府派特派员接收港矿事宜，导演了一出"接收"与"发还"开滦矿务总局及秦皇岛港权益的闹剧。于1945年11月19日和20日分别在唐山矿员司俱乐部举行"接收"和"发还"仪式，将开滦矿务局及秦皇岛港原封不动地交还英国人。

英国资本家和日军对港口的管理相当严格，各种规章详细清晰，工作程序严格规范，经营业务广泛，不仅从事港口装卸运输主营业务，同时还进行煤炭营销、缸砖营销、房地产行业等多种商业活动。

展品中的一些当时使用的证件和工具，诉说着英、日管理期间的那段历史。

1900年开港之初，开平矿务局在秦皇岛港就拥有自备船队，共有广平轮和西平轮等6艘运输船。1923年，由于港口靠泊能力提高及降低海运成本，开始采取以大量租用外轮为主的做法。

辅平轮是当时一艘普通的港用拖轮，但是在它身上却有一段传奇经历。1945 年 8 月 15 日，日本宣布无条件投降，日军驻山海关司令部铃木中将不甘于日本投降，率其部下连夜逃往秦皇岛，占领了此时正停泊在小码头 1 号泊位的辅平轮，挟持全体船员将船开往日本。在开往日本途中，船员曾趁日军监视松懈时，多次与外界联络并试图返航，但都被日军发现。辅平轮最终在日本的长崎靠岸。

1945 年 9 月，辅平轮孙宝元船长在长崎遇到了同样被日军掳到日本的中国船员毕树芝，两人决定将船开回祖国。9 月 25 日夜，他们将辅平轮伪装成引水船骗过了鬼子，安全驶出长崎港。10 月 2 日，辅平轮进入渤海湾，船员们终于将船开回祖国。

这是一段异常艰辛的航程。在日本长崎的时候，为防止逃跑，日本人对船上的物资供应控制得非常严格，船还未到达目的地，船上的燃料就烧完了。船员们把船上桌椅等木质材料全部拆除下来充作燃料，才勉强将船开回了祖国。

1899 年，秦皇岛港修筑第一条自码头至汤河火车站的单线 4.8 公里的铁路，与 1893 年中国第一条铁路干线——津榆铁路接轨，同时建成港区铁路最早的施工和车务管理机构。

在开埠之初至 1912 年开平与滦州两矿联合前的十多年间，港口使用的是 60 磅铁轨和牵引力 60 吨的小机车以及由开平矿区淘汰下来的老化机车，港口年吞吐量只有 25 万吨。两矿联合后，经济实力增强，港区库场和港口铁路进行了 3 次较大规模的扩建和改造，煤炭堆场储量增至 50 万吨，自备铁路扩展到 40 多公里。特别是在 20 世纪 30 年代初，由欧洲引进 2 台电力机车，实行电气化铁路运行，这在当时沿海港口中尚属首创，是港口铁路发展史上的一次革命。

新中国成立前秦皇岛的码头工人，除少数是本地的农民和渔民外，主要是来自河北、山东、河南滞留在秦皇岛的"闯关东"的农民。当时的劳动条件非常恶劣，一是劳动时间长，每天都在12小时以上，活儿多的时候24小时"连轴转"；二是劳动强度大，港口当时没有任何装卸机械，一二百斤的袋货，二三百斤的煤筐，全靠人抬肩扛；三是危险作业多，抬煤装船，要走高数米、宽不足2尺的跳板，稍有不慎，掉下去非死即伤。"抬煤的饭拿命换"就是当年对码头工人现实生产生活的真实写照。

世纪回响飘琴韵

新中国成立前，资本家及封建把头对港口工人进行残酷的剥削和压榨。港口工人反帝反封建的抗争日益高涨，开展罢工、怠工斗争达50次。港口工人的反抗斗争大致分为两个时期：第一时期是自发时期。主要采取怠工、逃班和捣毁工具等反抗形式，规模小，组织也不完善。第二时期是中国共产党诞生后，大规模有组织的工人运动。其中最具有代表性的是1922年爆发的开滦五矿同盟大罢工，震惊中外，在中国工人运动史上写下了极其光辉的一页。

王尽美，山东莒县（今山东省诸城县）人。1921年7月出席中国共产党第一次全国代表大会，会后建立中共山东支部，任书记。1922年担任中国劳动组合书记部北方分部副主任，领导北方的工人运动，1925年病逝于青岛。

1922年8月，受李大钊的派遣，王尽美来到秦皇岛，组织港口工人成立了工友俱乐部，廖洪翔任委员长。鉴于当时工人恶劣的工作环境，廖洪翔和唐山矿工代表一起拟定了《开滦五矿工人联合请求书》。开滦当局不仅不考虑工人的合理要求，还以工人扰乱治安的罪名，出动军警逮捕了6名工人代表。10月23日，开滦五矿同盟大罢工爆发。港口工人举行集会声讨资本家罪行，并组织了声势浩大的示威游行。反动军警无理干涉工人集会和街头讲演，并公然向赤手空拳的工人开枪，造成死伤50多人的"开滦惨案"。王尽美当即起草《秦皇岛矿务局全体工人痛告国人书》，揭露反动军警镇压工人运动的残酷罪行，迅速得到了社会各界的同情和支持。

中共早期领导人邓培亲自指挥罢工运动。

开滦五矿同盟大罢工迫使开滦当局答复了罢工条件。在这次斗争中，秦皇岛港码头工人罢工斗争坚持最久，长达29天，且秩序井然，讲究斗争策略，表现了港口工人高度的阶级觉悟，给予英国资本家沉重打击。

在《毛泽东选集》第一卷第一篇《中国社会各阶级的分析》一文中，毛泽东主席对1922年开滦五矿同盟大罢工给予了高度评价。

近代建筑是秦皇岛港乃至秦皇岛市的一大亮点。目前港内外尚有近代建筑十余处，多为欧式建筑风格，古朴典雅，2013年5月被定为全国重点文物保护单位。

缸砖营销曾是开滦矿务总局的主营业务，开滦缸砖曾经是质量和信誉的象征，远销东南亚及拉美等国家。为防止其他商家假冒，开滦砖不断在砖面上变化图案，以确保开滦砖良好的口碑和声誉。现在博物馆院子中间部位铺的就是当年的开滦砖，已经有百年历史。

展品中的留声机和钢琴是当时高级员司俱乐部使用的。

展品中的一块木头是1899年刚刚开港时建造木质栈桥码头留下来的,已经有一百多年的历史,它见证了秦皇岛港百年发展历程,是秦皇岛港重要的历史文物。

博物馆在筹建过程中,得到了港口职工及社会上关注港口历史发展人士的大力支持,中间展柜展陈的生产、办公用品都是港内外热心人士捐献的。

一朝旭日笑春风

1948年11月2日,辽沈战役胜利结束,中国人民解放军准备挥师入关。盘踞在秦皇岛的国民党军队负隅顽抗,阴谋破坏秦皇岛港,摧毁大、小码头以及港区内包括发电厂在内的重要生产设施。

针对敌人可能进行的破坏活动,秦皇岛地下党组织一方面发动职工揭露敌人的阴谋诡计,同时又秘密成立工人护港组织,确保港口设施财产安全。当最后一批国民党军队登船逃窜并准备实施破坏行动时,港口工人立即行动,划分战斗小组,分片负责,在码头沿线密布岗哨,封锁各处仓库、厂房、电厂等重要设施设备。更重要的是工人们掌握了存放炸药仓库的钥匙,国民党军队拿不到炸药,爆炸计划无法进行。万般无奈之下,国民党军队只好利用逃跑乘坐的"长治"号驱逐舰向码头、电厂发射了30多发炮弹。但因工人护港组早有准备,对所有重要设施都进行了伪装或设置掩护体,码头、电厂等重要设施全都安然无恙。

1948年11月27日解放军入关,秦皇岛解放,党和政府逐步接收秦皇岛港，港权终于回到人民手中。

自1898年光绪皇帝御批秦皇岛港自行开埠至今，秦皇岛港体制和归属几经变换。中华人民共和国成立前一直由开平矿务局统一管理。中华人民共和国成立后，先后经历了由中央燃料部代管、交通部、中央大型企业工委、河北省政府直接管理等过程。秦皇岛港的管理体制也跟随时代前进的步伐，由国企到实现政企分开建立现代企业制度。2009年，以秦皇岛港为主体组建了河北港口集团。

一条走廊通道通往二号展厅。走廊通道不是普通的地板，而是已经有百年历史的"过山跳"。"过山跳"是当年码头工人装卸货物时连接船舶与码头的撬板。这块宽半米、长七米的木板，承载着秦皇岛港半个多世纪的艰苦历程。1898年开港到新中国成立后的20世纪50年代中期，港口装卸作业就是在这样的撬板上肩抬人扛，一步步走过来的。

1948年11月27日，秦皇岛解放，秦皇岛港获得新生。从那时起，秦皇岛港始终把国家和人民利益放在首位，在一个个关键时期，为国民经济建设做出了突出贡献。

新中国成立初期，国家百废待兴。秦皇岛港职工自力更生，艰苦创业，在党和政府的关怀下，首先对老码头进行技术改建，吞吐能力大大增加，港口装卸生产经历人力操作、半机械化到机械化三个阶段，秦皇岛港胜利实现港口生产机械化。

新中国成立初期，港口装卸还主要依靠肩抬人扛。"抬煤"是装卸工人的基本功，从装筐、上肩走步到抽杠、倒筐都有一定的操作要领。装卸工人被称为"1970"部队。"1"即杠棒，"9"

即铁锹,"7"即钢镐,"0"即大筐。这种肩抬人扛的生产方式从建港初期到新中国成立初期一直延续了60多年。

1955年开始,港口陆续调入或自制滚动装卸机械,主要用于煤、货场装卸车作业。但因机械不配套,有些装卸环节仍需要人力完成。

1959年,为解决码头工人繁重的体力劳动,秦皇岛港引进皮带机等刮板卸车技术。这是港口生产进入半机械化阶段的典型劳动工具。

1957~1965年,港口职工对7号泊位进行技术改造,自行设计、建造了第一座煤炭卸车装船机械化泊位。从"四机联合作业""五机联合作业"到1965年在7号泊位实现"六机联合作业",卸车全部使用改进后的螺旋卸车机,淘汰了人力操作的刮板卸车机,秦皇岛港初步实现了港口生产机械化作业,结束了半个多世纪码头上无装卸机械的历史。

经过港口职工的艰苦奋斗,改造后的7号泊位在60年代中期至70代初期成为秦皇岛港主力泊位,担负着转运煤炭60%的运量,年运量由1962年的44万吨提高到1970年的231万吨,为港口生产任务的完成做出了历史性贡献。

猛进突飞凭人气

新中国成立初期,秦皇岛港先后购置、改装制造了一些小型装卸机械,但同沿海其他主要港口相比,机械化程度仍然是最差的。从1953年开始,秦皇岛港开展技术革新和合理化建议活动,广泛开展劳动竞赛,1956年提前一年完成港口第一个五年计划,跻身全国沿海六大港口之列。

墙上展示的职工研制的螺旋卸车机、自主组装蒸汽机车等技术创新和技术改造的图片，职工技术表演比赛现场、职工正在开展技术革新活动等图片，讲述着那个时代人们燃烧的激情。

经过一系列的技术引进和技术创新，港口先后购买了轨道吊、装载机、戽斗、电瓶车等设备，自主研究制造了自动摘钩、抓斗、散粮专用门式漏斗等设备，秦皇岛港生产力水平不断提高。

1959 年，秦皇岛港开工建设乙码头。乙码头是当时秦皇岛港投资最多、规模最大、采用了最新建港技术的国家重点工程，1965 年具备初步投产能力。

20 世纪 60 年代中期，为解决大块煤机械化装卸和扩大港口通过能力，秦皇岛港组织自有力量，将 9 号前沿改造为以大块煤为主，兼顾混煤卸车装船的煤炭专用泊位。之后，9 号泊位又经过两次技术改造，成为当时装船效率高、装卸成本低、能适应多种煤种作业的机械化泊位，成为全国交通系统技改挖潜典范和北煤南运的主力泊位。

1973 年，周恩来总理提出"三年改变港口面貌"的号召。为落实总理号召，港口开始大规模生产建设，建成投产两座码头 4 个深水泊位，完成 9 号泊位机械化装船技术改造，吞吐能力增幅为全国之冠。1974 年秦皇岛港货物吞吐量首次突破千万吨大关，跃居全国沿海港口第三位。1978 年港口吞吐量突破 2000 万吨大关。

经过三年大建港，秦皇岛港发生了巨大变化，摆脱了单一煤炭运输的历史，扭转了港口装卸生产的落后状况。

1958 ～ 1959 年，国民经济快速发展，交通运输成为当时经济发展的瓶颈。为缓解不断上涨的煤炭运输压力，秦皇岛港和天津铁路局秦皇岛站共同创造"一条龙大协作"机制，以挖掘港口、铁路运输潜力为核心，开创了中国"产、供、运、销"联合运输组织形式，秦皇岛港当年完成吞吐量510万吨，创造了港口吞吐量历史最高纪录，受到党中央、国务院的高度重视。《人民日报》和《红旗》杂志在全国范围内进行了宣传和推广。

1959年10月，党中央在人民大会堂召开全国群英会，因"一条龙"大协作经验的突出贡献，秦皇岛港党委书记刘抗受邀参加了这次会议，并受到了中央领导人的接见。

1949～1978年，秦皇岛港先后建成了乙码头8、9号两个深水泊位，油码头两个深水泊位和甲码头三个深水泊位。港口吞吐量增至2218万吨，港口也由单一的煤炭码头发展成为煤炭、油品、杂货等多种类的综合性码头，秦皇岛港成为中国沿海的外贸重要港口。此后，秦皇岛，这座满载希望、活力四射的港口像一轮旭日，冉冉升起在渤海之滨。

日新月异夺天工

改革开放给秦皇岛港插上了腾飞的翅膀，港口从此进入飞速发展的新阶段。1978年至今，先后兴建了煤码头一、二、三、四、五期工程及杂货和集装箱码头，拥有生产泊位50个，其中万吨级以上泊位42个，最大可装卸15万吨级船舶，港口装卸生产实现机械化、自动化，港口吞吐量突破2亿吨大关。秦皇岛港成为国家能源运输主枢纽港、世界最大干散货港。

自1899年大小码头始建，直至新中国成立前的半个多世纪，港口只有两座码头7个泊位。新中国成立后，港口建设日新月异。乙码头建设是我国"二五"期间的重点项目，1959年开工，1965

年具备投产能力，建成深水泊位 2 个。1973 年，按照周恩来总理"三年改变港口面貌"的指示，新建甲码头 2 个 3.5 万吨级杂货专用深水泊位，年设计通过能力 100 万吨。

1973 年建成中国第一座管道运输油码头，输油管线与大庆油田直接相连。目前，油码头共有生产泊位 4 个，其中 2 万吨级泊位 2 个，5 万吨级泊位 1 个，3000 吨成品油泊位 1 个。

煤一期工程是我国自行设计建设的第一座现代化煤炭运输专用码头。1978 年正式开工建设，建成 2 万吨和 5 万吨级泊位各 1 个，年设计通过能力 1 千万吨，1983 年竣工投产。

煤二期工程是我国第一批引进外资及技术修建的现代化煤炭专用装卸码头。1980 年正式开工建设，建有 2 个 5 万吨级泊位，年设计能力 2000 万吨，1985 年正式交付使用。

丙丁码头。随着改革开放的不断深入，杂货运量逐年上升。为解决杂货运量增长与港口生产泊位不足的矛盾，1984 年开始兴建丙丁杂货深水码头，新增泊位 6 个，年设计通过能力 380 万吨，1987 年竣工投产。

煤三期工程是与大秦铁路配套的大型煤炭码头，与大秦铁路同步设计、同步施工、同步投产。1984 年开工，设计通过能力 3000 万吨，1989 年正式通过国家验收并交付使用。

煤四期工程于 1993 年开始建设，工程规模为 3.5 万吨级泊位 2 个、10 万吨级泊位 1 个，年设计通过能力 3000 万吨，1998 年正式投产使用。

戊己码头 1997 年 8 月年开始建设，新增深水杂货泊位 4 个，5 万吨生产泊位 2 个，3.5 万吨生产泊位 1 个，3 万吨生产泊位 1 个，年设计通过能力 300 万吨，2004 年 1 月交付使用。

集装箱码头是 2004 年建成，现有集装箱泊位 3 个，6 台可装卸第六代集装箱船舶的集装箱装卸桥，堆场面积 36 万平方米，集装箱专用拆装箱场地 4 万平方米。年设计通过能力为 75 万标准箱。

煤五期工程是目前我国规模最大，设备、工艺最先进的煤炭码头之一。2004 年开工建设，建有 15 万吨级泊位 3 个、5 万吨级泊位 1 个、3.5 万吨级泊位 2 个，可靠泊 1.5 万～15 万吨船舶，年设计通过能力 5000 万吨。2007 年正式投产运营。

自港口创建以来，秦港人移山填海，筑港铺路，托起了秦皇岛城市的雏形。秦皇岛港与世界 100 多个国家和地区有着经济贸易往来，以世界最大的能源煤炭输出港闻名遐迩，港口发展不仅拉动着城市临港工业、物流业、商贸业的快速发展，更重要的是极大地促进了秦皇岛市对外开放，提升了城市在国家战略发展总体布局中的地位，1984 年被国家列为首批 14 个沿海开放城市之一，成为秦皇岛市的第一张名片。

1978 年，秦皇岛港乘改革开放的东风扶摇直上，以前所未有的发展速度崛起，拉开了港口辉煌时代的序幕，掀开了以港兴市、振兴河北的新一页。煤码头一期、二期、三期的建成投产，使秦皇岛港连续 11 年吞吐量以年均 500 万吨的速度递增，秦皇岛港跃居全国沿海港口第二位。1998 年煤四期的交付使用，使秦皇岛港年吞吐量达到 1.27 亿吨，奠定了北煤南运主枢纽港地位。2005 年煤四期扩容工程投产使用和 2007 年煤五期的交付使用，使秦皇岛港年吞吐量达到 2.36 亿吨，成为世界最大能源输出港和最大干散货港。港口的发展有力地推动了秦皇岛市的经济发展，形成了港市共促、共同发展的良好局面。

秦皇岛港担负着我国东南沿海"八省一市"煤炭供应的重任，煤炭下水量一度达到全国水运煤炭总量的近50%，被温家宝总理称为"国民经济的晴雨表"。特殊的使命使秦皇岛港屡屡在危难之际担当重任，为国家分忧，为城市解难。

2008年年初，我国南方大部分地区遭遇了严重的雨雪冰冻灾害。抢运电煤期间，秦皇岛港再展北煤南运主枢纽港风采，一个月共抢运电煤2001万吨，向祖国和人民交上了一份满意的答卷。胡锦涛总书记亲临秦皇岛港视察，称赞秦皇岛港职工是"一支特别能战斗的队伍"。

进入21世纪的秦皇岛港厚积薄发，港口生产飞速增长，实现了历史性的跨越。2001年港口吞吐量突破亿吨，跨入了国际亿吨大港行列；2006年成功攀上2亿吨高峰，确立了秦皇岛港世界散货运输第一大港的地位。

近年来，秦皇岛港在保持北煤南运主枢纽港地位的同时，杂货、油品、集装箱运量也不断上升。2012年港口完成杂货吞吐量1200万吨、油品969万吨、集装箱34.4万标箱，逐步成为我国重要的现代化综合性国际贸易大港。

秦皇岛港坚持"构筑绿色枢纽，共享碧海蓝天"的环保理念，追求绿色增长模式，倾力建设绿色港口。为保证城市空气质量，修建了亚洲最大的煤炭堆场防风网，通过改变风向、降低风速达到抑尘、控尘目标；在港口行业率先建设中水处理厂，开全国港口企业利用工业废水、城市污水、入海水解决工业大量用水的先河。目前煤炭除尘、港区绿化、道路洒水、消防灭火主要利用中水和汤河入海水，为城市节省了大量宝贵的水资源。近年来，港口先后投入 7 亿多元用于建设防尘林带、绿化港区、环境治理，与港城人民共享碧海蓝天，被国家环保局评为"全国环境保护先进单位"。

秦皇岛港秉持"盛德大业、惠世报国、造福桑梓"的理念，在注重企业发展的同时，主动履行大型国有企业的社会责任，积极参与扶贫、帮建、捐款等社会公益活动，充分展现了良好的企业形象，为地区社会发展做出了积极贡献，被河北省评为"最具社会责任感企业"称号。

新中国成立后，党中央、国务院寄予秦皇岛港亲切关怀和深情厚望。党和国家领导人毛泽东、邓小平、江泽民、胡锦涛、习近平以及交通运输部与河北省的领导都曾先后踏上秦皇岛港这片热土。

天开良港，与时俱进。当年的小渔村已成为闻名世界的东方大港。

创业艰辛，伟业辉煌。一代又一代秦港人在共和国的历史上写下了史诗，献给祖国的不仅是一个现代化的综合大港，还有一种永不磨灭的精神，一个民族不朽的灵魂。

入海求仙事不虚

王红利

外地游客来到秦皇岛，有一个必去的景点就是秦皇求仙入海处，所谓"不看秦皇求仙入海处，不算真正到过秦皇岛"，这句话点出了秦皇求仙入海处之于秦皇岛的重要性与代表性。秦皇岛这座城市是中国唯一一座以帝王尊号命名的城市，并引以为自豪，那么秦始皇入海求仙在历史上到底是否确有其事呢？

首先我们需要了解秦汉时期的方术、方士，以及其与政治文化的关系，秦汉时期，宗教与封建专制进一步融合，以方术、巫术为基础的宗天神学和谶纬神学得到统治者推崇，方术、方士在封建政治中占有日益重要的地位。方术是在人类自然崇拜的基础上整合巫术、蓍筮而成，古人对时间和空间缺乏科学的认知，人的生命有限，流露出非常强的生命意识，自战国开始就流行漱正阳、含朝霞、保神明、入精气等吐纳之术，对彭祖八百岁、天宫仙阙充满向往。另外，燕国、赵国、齐国，三地濒临渤海，岛屿众多，常有海市蜃楼出现，传说蓬莱、方丈、瀛洲三神山有仙人和不死之药。在《史记·封禅书》中对三神山有具体描述："自威、宣、燕昭使人入海求蓬莱、方丈、瀛洲。此三神山者，其傅在勃海中，去人不远；患且至，则船风引而去。盖尝有至者，诸仙人及不死之药皆在焉。其物禽兽尽白，而黄金银为宫阙。未至，望之如云；及到，三神山反居水下。临之，风辄引去，终莫能至云。世主莫不甘心焉。"《列子·汤问》亦有"渤海之东有五山焉，一曰岱舆，二曰员峤，三曰方壶，四曰瀛洲，五曰蓬莱"的记载。燕齐临海，可望而不可即的海市蜃楼对于渴望求仙的人们来说，很容易被误会为仙山。清代钱泳《履园丛话》卷三"海市蜃楼"条云："王仲瞿常言：'始皇使徐福入海求神仙，终无有验。……后游山东莱州，见海市，始恍然曰：秦皇、汉武俱为所惑者，乃此耳。'此言甚确。"于是，神仙崇拜、入海求仙成为历代帝王孜孜以求的不朽事业。

春秋初期，秦国只是西部边陲的一个小国。经过历代统治者励精图治，改革发展，不断壮大，政治中心也一再东迁，直至定都咸阳。战国时期，秦国的国力进一步壮大，跻身战国七雄之列，并在战国后期跃居七雄之首，进而于公元前 221 年吞并六国，完成了统一霸业，秦国也由最初偏居西部的一个诸侯国演变为一个统一的封建王朝，这是中国历史上第一个统一的多民族的中央集权的国家政权。嬴政的成就感至此臻于极致，他自称为"始皇帝"，冀望秦国的霸业可以持续千秋万代，传之无穷，然而在吞并六国的战争中，与六国结下的仇怨并未完全消解，天下虽然都是秦国的，然而并不太平，在貌似和谐的盛世之下却依然暗流涌动，秦国被视之为"虎狼之国"，无礼义之心。嬴政既有物质层面的准备，他"收天下兵，聚之咸阳，销以为钟镰，金人十二，重各千石，置廷宫中"，同时，"堕坏城郭，决通川防，夷去险阻"，这样便摧毁了六国赖以存在的最后屏障，也希望通过东巡消弭秦国与六国之间的心理隔阂，以加强原来六国臣民对秦政权的政治认同感。

由《史记》的记述可知，秦始皇先后五次出巡，其中四次东巡，他分别于始皇二十八年（前219年）、二十九年（前218年）、三十二年（前215年）、三十七年（前210年）四次东巡。东巡的过程中，秦始皇不断刻石纪功，歌颂天下一统、国家安定的祥和景象，试图借由此以肯定秦灭六国的正义性，引导社会舆论认同秦王朝的统治，强化全社会对秦政权的政治认同感。

其中第三次东巡发生在始皇三十二年（前215年），为了东巡，秦始皇还建立了多处行宫，不仅在秦皇岛北戴河有秦行宫遗址，在辽宁绥中县万家镇亦有碣石宫遗址，两处相距仅40公里之遥。经考证，两处皆为当年秦始皇东临碣石的驻跸之地，始皇东巡其目的不仅有巡游各地、加强统治之意，更有寻求不死之药的想法。

始皇的第三次东巡，《史记》中明确记载："三十二年，始皇之碣石，使燕人卢生求羡门、高誓。刻碣石门……因使韩终、侯公、石生求仙人不死之药。始皇巡北边，从上郡入。燕人卢生使入海还，以鬼神事，因奏录图书，曰'亡秦者胡也'……"可见，始皇此次对求仙寄予厚望，已非先前那种试试看的心态，"秦法，不得兼方，不验，辄死"，燕地方士不敢再用"风大船不能至"之类的借口来搪塞，而寻求其他方法来拖延时间。于是"亡秦者胡也"的谶语也被捏造出来，终致挑起了一场秦对匈奴的战争。

秦始皇"焚书"主要对象为六国的《史记》、《诗》《书》和百家语之类，而不包括"医药、卜筮、种树之书"。这些都足以说明秦始皇对方术的看重，而入海求仙更是其重视方术的直接体现。始皇帝始终希望求得长生不老之仙药，为此蓄养大批方士，先后信赖齐地方士、燕地方士，耗费巨额财力，组织大规模的入海求仙团队。徐市（一作徐福）是秦代最早自荐入海求仙的方士。始皇二十八年（前219年），始皇东巡，"齐人徐市等上书，言海中有三神山，名曰蓬莱、方丈、瀛洲，仙人居之。请得斋戒，与童男女求之。于是遣徐市发童男女数千人，入海求仙人"。徐市多次入海求仙，都称尝见海中大神，然而向其求延年益寿之药，却被大神以礼薄之因拒绝，于是更求男女3000人，资之五谷种，携百工而行，然而船到海上，受风阻，终不得至。

徐市入海求仙历时近10年，耗资巨大，却始终不能求得仙药。故而，心生畏惧，于是编造出海上有大鱼阻碍求药的谎言，秦始皇竟然信以为真。后始皇梦中见到有海神如人状，即询问占梦博士。或占梦博士与徐市有所串通，博士曰"水神不可见，以大鱼蛟龙为候"，并唆使秦始皇祈祷于祠。"乃令入海者搜捕巨鱼具，而自以连弩候大鱼出，射之"，不久真的射杀了一条大鱼，但秦始皇很快病入膏肓，公元前210年，崩于沙丘平台（今河北省广宗县境内）。

以秦始皇的天纵英才和政治手段，不该完全笃信方士关于海上神仙长生不老的谎言。他之所以对入海求仙的方士表现出极大信任，盖缘于长生不老实在是每一位权力在握者的强烈渴望，这种渴望又可以分作两个方面来理解：一方面可以视作是对权力的恋栈，高居帝位、威加海内、杀伐决断，任何一个人都无法抗拒这种予取予求的权力诱惑；另一方面，他希望通过方士访神问药的航海活动，寻找海外仙山，扩张领土，满足其探索海外世界的好奇和领土期冀。

综合上述可知，秦始皇入海求仙在历史上不仅确有其事，而且是不止一次在多个地方进行求仙活动。

开埠通商辟良港

王红利

海港区之所以定名为海港区，恰是因为秦皇岛港的存在，且由此可知，这城市先有的港口，后有的城市主城区——海港区。"城以港兴，港城相长，衰荣与共"，港与城，相生相伴，共存共荣。秦皇岛常常被称作"港城"，盖因港口之故。

时光倒转至光绪二十四年三月初三（1898 年 3 月 24 日），这一日，总理衙门为"振兴商务"，向光绪皇帝奏请添设岳州和三都澳为自开通商口岸，获得批准。三月初五（3 月 26 日），总理衙门又补奏了"秦皇岛自开口岸折"，称"兹查直隶抚宁县北戴河至海滨秦皇岛，隆冬不封，每年津河（海河）冻后，开平船由此运煤，邮政包封亦附此出入，与津榆铁路甚近。若得秦皇岛开作通商口岸，与津榆铁路相近，殊于商务有益"。3 月 26 日，光绪皇帝朱批："依议。钦此。"

1898 年 3 月 26 日，这一天，清政府宣布秦皇岛自开口岸，这一天也注定将被永载秦皇岛史册。

区　位

秦皇岛北倚燕山，南临渤海，西南隔渤海与山东半岛遥遥相望，东北接辽东湾与辽东半岛相望，与大连、营口、唐山、天津、烟台、青岛等重要港口相距甚近。秦皇岛是衔接华北、东北两大行政区的咽喉要道，素有"两京锁钥"之称，具有"车船辐辏，故道可由，扬帆直指"的区位优势。

秦皇岛港具有水深、不冻不淤、风平浪低、潮差小、地质条件好、气候适宜、风景优美、港域开放、发展区域广阔、建港主要材料可就地取材等得天独厚的自然条件。1958 年，中外专家首次对秦皇岛的自然条件和经济地理做出全面的科学论证，并概括了上述"十大优点"。

秦皇岛港历史悠久,古称碣石港。碣石港是我国南与徐闻（今雷州半岛南端）、合浦（在今广西）媲美，北同琅琊（今山东胶南县境内）、芝罘（在今烟台）齐名的五大古港之一。早在春秋战国时期就是燕国的"通海门户"，商业贸易活动远及朝鲜半岛和日本，是当时中国沿海交通线上著名的海港之一。两汉以后，碣石港一直是北方最为重要的军商兼备港口。及至隋唐时期，对高句丽的频繁征战，都是以碣石港作为重要的转输口岸，一时间"帆樯如云，舳舻相接"，一派繁忙景象。宋元以后，碣石港几经兴衰与变迁，但始终不失以"南粮北调，北货南运"和军事运输为特征的重要港口。

碣石港的地理位置，有专指、泛指两说。专指说包括北戴河金山嘴说、秦皇岛南山说等。泛指说则认为，碣石港是古代秦皇岛沿海一带各处天然优良港湾、舟楫聚泊处的统称。虽然古碣石港的具体位置尚有争议，但古碣石港的存在，说明自古以来，秦皇岛就是"四海咸通""扬帆直指"的通商贸易口岸和舟师出没的重要军港。

铁　路

明清两代，秦皇岛沿海的港口先为军用，次为渔用，最后是商用。秦皇岛之所以被清政府辟为自开港，与其港口腹地的经济发展，尤其是开平煤矿的创办和唐胥铁路的修筑，也有着密不可分的联系。1878 年，李鸿章等在唐山开平镇设立"开平矿务局"，开始小批量出煤。不久，由于采用西方机器，到全面投产的第二年（1882 年），产量已近 4 万吨。为解决煤炭运输问题，开平矿务局开凿了运煤河道，修筑了"唐胥铁路"（我国最早建成并投入使用的铁路，"骡马拉火车"的奇观即发生在这条铁路之上，我国第一台蒸汽机车——"龙号"机车也由这里开出），使煤炭经水陆联运抵达天津港。然而随着煤炭采掘量不断提高，1895 年以后，开平矿务局开始面临塘沽码头疏运阻塞的难题，另择良港、修建新码头的要求变得日益迫切。

在唐胥铁路基础上展延的津榆铁路的修筑对于秦皇岛这座城市的兴起起到了至关重要的作用，津榆铁路的建成，拉开了秦皇岛近代实业开发的序幕，为秦皇岛开港奠定了坚实基础。现存津榆铁路基址位于今秦皇岛海港区迎宾路与燕山大街交叉口的益寿园内，为一段长 117 米、宽 23 米、高 3.8 米的黄土丘，此处为1915 年津榆铁路秦皇岛汤河站段改线前的路基。路基上存放有1881 年制造的"龙号"机车的复制品，"龙号"机车又称"中国火箭号"，它的车身两侧各镶刻有一条龙，同时还镌刻有"Rocket of China "的字样，"龙号"机车是中国工人制造的中国第一台蒸汽机车。

开 埠

19世纪末，随着西方资本主义国家的入侵，中国开始沦为半殖民地半封建社会，从1842年签订的第一个丧权辱国的中英《南京条约》到1895年签订的中日《马关条约》，外国资本主义势力攫取了中国的港口贸易和海关的特权，沿海港口的主权几乎丧失殆尽。尤其是《马关条约》签订以后，中国陷入被世界帝国主义列强瓜分的危险境地，北洋水师覆灭，重建水师又"无险可据"，在这种情形之下，清政府急于寻找一处可兹利用的良港以"兴复海军"，同时为了支付战后的巨额赔款，需要扩大财政收入，以"振兴商务，扩大利源"。

在一份工部侍郎张翼的《奏明秦皇岛自开口岸折稿》中，说得很清楚：秦皇岛距"神京咫尺"，"铁道（指当时津榆铁路）一旦有事，匪特兵丁之征调，军火之转运，朝发夕至，呼应灵通，而且水路相依，有一气盘旋之妙"。同折稿又说："荣禄莅任北洋，以无处屯扎兵轮及建造船坞各情与臣密商，臣以该岛情事言之，所见相符，即嘱臣速为筹划海军基地之事。"这说明秦皇岛设港原意是以兴复海军，建设军港，增强对京师的海上防御为出发点。

总理各国事务衙门在一份札行总税务司的公文附录中提到："查泰西各国着重商务，不惜广开通商口岸，任令各国通商，设关权税以收足国足民之效。中国自通商以来，关税逐年增加，近年增至二千余万，京协各饷多半取给于此，惟是筹还洋款等项支用愈繁，筹拨恒若不继，臣等再四筹维计，惟添通商口岸，藉裨饷源……可兴商务，扩充利源。"

由此可见，不论是"兴复海军"抑或"振兴商务"，都需要寻找到一个良港，于是从 1896 年正月开始，张翼、鲍尔温等人对秦皇岛沿海港湾进行了反复勘测，最后将港址定于秦皇岛。随后，秦皇岛港湾内简易码头的架设，烟台至秦皇岛航线的试航，奏响了秦皇岛开埠的前奏。码头最后选址为秦皇岛东、南山西南麓的岬角河道海口处（即今老港区大、小码头）。

秦皇岛究竟是建军港还是辟商埠，清政府曾举棋不定。考虑再三，权衡利弊（经济上、外交上），最终清政府还是决定修建商港。于是就有了 1898 年 3 月 26 日的光绪皇帝朱批"依议。钦此"，钦定秦皇岛为"自开口岸"。消息传出，立即引起国内外人士的瞩目和重视。上海的《时务报》以"中国新开通商口岸三处"为标题报道了开埠的消息，其后《北方快览》《北中国每日报》也做出了报道，英国的《泰晤士报》《伦敦中国报》以及日本的《经济报》等，相继对秦皇岛"自开口岸"作了报道，并对其优良港湾形势发表了评论，使秦皇岛港名扬天下。自此，秦皇岛这一昔日"只有帆船停泊，栈房三两，代卸粮盐，并无住户"的荒岛名播海外。秦皇岛港也由此开始了它的百年沧桑历史。

筑　　港

秦皇岛港本是清政府的"自开口岸"，但因开埠之初过分依赖开平矿务局的雄厚资本（尤其是其巨额"垫款"，于秦皇岛港开埠时购买了大量地亩），遂使其插手和介入秦皇岛港开埠前后的一切事务。不久，秦皇岛港便成为开平矿务局独家经营的"产业"和专用港口。1898 年 6 月，开平矿务局于今东盐务附近设"开平矿务局秦皇岛经理处"（首任经理鲍尔温），掌握了控制秦皇岛港的实权。同年，开平矿务局将筑港工程承包给英国波特公司，由英籍工程师休兹设计、监造。1899年4月，中国工人开始由从南山采石修筑防波堤。至1900年上半年，筑成300米防波堤，并在其内侧修建了木质栈桥码头。之前的秦皇岛港，不过是一个渔民泛舟，兼有粮、盐贩运的自然港湾，而秦皇岛不过是"农家渔民所居之一寒村耳"。开平矿务局来此筑港，使这里涌进了数千名工人。1900年6月，当地义和团愤怒于八国联军的入侵，焚毁了木质栈桥码头，筑港工程中断。

1900年9月起，码头续建工程开始。到1915年，港口主体工程——大、小码头完工并投入使用，且基本形成现今秦皇岛港老港区大、小码头一至七号泊位的格局：大、小码头由南山西南麓并列向西南伸展，再向西曲折延长，小码头居内，大码头与防波堤居外，形如蟹螯。1925年，码头主要工程全部完成，秦皇岛港成为我国北方独特的深水不冻良港。

秦皇岛的起源与兴盛，应该说，主要得力于秦皇岛港的兴建。同时，两者的发展并行不悖。1916年，京奉铁路改线绕行秦皇岛，促使秦皇岛贸易繁兴，土客杂居逐渐增至数千户。以京奉铁路为界，秦皇岛分为道南、道北两地区，道南为商埠区，道北为街市区：在道南，从港口初建时起，清朝政府就在原开平矿务局所占用和代理的秦皇岛港域地亩上规划了口岸街市，先期建立了津海关秦皇岛分关（今南山海关地址），后又在海关附近建起了中国邮局和中国警察所。1905年，秦皇岛最早的一条水泥马路——开平昌道在道南建成，这就是后来的开滦路（1916年，与原秦皇岛火车站相连）。中国商人也相继在此租用土地，兴办了一批为轮船服务的客货栈房，如开平昌、吉盛兴和玉记等。秦皇岛道南商埠街市初具规模。而在道北，街市区沿京奉铁路沿线向北，商店、民房鳞次栉比，街道狭窄，纵横错乱。随着秦皇岛口岸及沿海地区的人口不断增长，产业工人、其他服务性行业人员及城镇居民的比例也在不断加大，到1924年，城镇居民总数已达7万多人。至此，秦皇岛现有城市格局基本形成，城市化雏形初具。

沦 丧

1900年至1901年，在英国墨林公司的指使下，德璀琳、胡佛（美国第31任总统）借助"庚子事变"，制造"鸽子事件"（捏造张翼养鸽子为义和团通风报信的罪名，将其拘捕），德璀琳以开平矿务局总局代理的身份，胡佛以墨林公司代理人的身份共同签订了一份《出卖开平矿务局合约》即"卖约"，"卖约"规定："开平矿务局所有之地产、码头、铁路、房屋、机器、货物，并所属、所受、执掌或应享有之权利、利益，一并允准、转付、移交、过割与胡佛……胡佛有权将其由此约所得的一切权利、数据、利益，转付、移交与开平有限公司。"

后又在"卖约"的基础上补充修改，签订了"移交约"和"副约"，这样便具备了"法律上的有效性"，标志着帝国主义分子处心积虑地骗占阴谋得逞。秦皇岛港开埠不到两年，便与开平煤矿并为英商所骗占，英商随即成立"开平矿务有限公司"。就这样，当时中国最大的、技术最先进的煤矿和秦皇岛"自开口岸"完全沦入英国手中。

在英商的把持下，秦皇岛港区自成体系，城市失门户，港口缺依托，形成了港口与城市分离的特殊局面，尤其是 1916 年京奉铁路线改线到秦皇岛后，秦皇岛分作道南商埠区和道北街市区以后的十年，英国将道南广大土地窃为己有，使道南成为它的"国中之国"，道北的中国军民不得"入境"。在道南，开平矿务有限公司在东山和南山一带相继建起了南山饭店、医院、学校、特等住宅、俱乐部、网球场、高尔夫球场、马厩和跑马场、牛奶房等。开平昌道两旁也是洋行、客栈、饭店林立。

"国中之国"的出现，虽反映了腐朽没落的封建王国丧权辱国的本质，但从另一方面来讲，它也为秦皇岛这个昔日的小渔村向城市化发展，奠定了一定的物质基础，做了人员、技术等各方面的准备，并为之提供了一个较为先进的模板。

1912 年，开平（开平矿务有限公司）、滦州（滦州矿务股份有限公司）合办，在天津成立了开滦矿务总局，秦皇岛港成为"开滦矿务总局秦皇岛经理处"。明为合办，实际上英国"专擅兴造，不待呈明，锐意经营，视同己有"，完全控制了秦皇岛港。秦皇岛港"几与各国租界相埒"。

1941 年 12 月 8 日，日军以"和平解决"、武装占领的方式从英国人手中接管了秦皇岛港。自此，日本开始对秦皇岛港实行军管。秦皇岛港对外改称军管理开滦炭矿港务局，对内改称军管理秦皇岛港务局。这是秦皇岛港务局的名称第一次出现。

1945 年 8 月 15 日，日本无条件投降。但国民党政府和美、日相互勾结，阻挠八路军接管秦皇岛港。10 月 2 日，美国海军陆战队第 3 师 1.8 万人在秦皇岛港登陆，之后美国军舰运载大批国民党军队蜂拥而至。据不完全统计，1945 年 10 月至 1946 年 7 月

的 10 个月里，由美国军舰运到秦皇岛登陆的国民党军队至少有
10 个军 37.5 万人。

秦皇岛港成为美蒋反动派抢占华北和东北地区、发动内战的
主要海上军事运输基地，成为第三次国内战争的重要发端。

1945 年 10 月，国民党政府委派王冀臣接收冀热察绥区的工
矿事业。他所导演的一出"接收"与"发还"开滦矿务总局及秦
皇岛港的丑剧，使秦皇岛港的权益再度落入英国人手中。

11 月 19 日，在唐山矿员司俱乐部举行的"接收仪式"上，
日方代表白川一雄交出"军管理开滦矿务总局"印章、截角。仅
仅就在第二天，在同一地点，王冀臣代表国民党政府将战前开滦
矿务总局及其所属秦皇岛港原封不动地"发还"给了英国人。

回　　归

1948 年 11 月 27 日，秦皇岛宣布解放。是月，秦皇岛设立秦
榆市，辖山海关办事处、一区（现海港区铁道南）、二区、三区（现
海港区铁道北东区、西区）、海滨区和庄坨区。1949 年 3 月，山
海关改为市，划归辽西省；同时，秦榆市改称秦皇岛市，为河北
省省辖市。

辽沈、淮海、平津三大战役后，全国解放指日可待，而南京
国民党政府犹妄图负隅顽抗，悍然封锁了南北水陆交通。当时国
统区的上海和华东各地，煤炭奇缺，而华北解放区严重缺粮。

1949 年年初，在国共双方战争暂时处于沉寂状态的情况下，
上海航运、工商界人士，同时致电国共双方，呼吁恢复南北通航
易货，"以煤换面"。毛泽东、周恩来联名复电上海航商界表示支
持和欢迎。国民党当局不得已，"准予试行"。2 月 12 日和 17 日，"大

上海"号与"唐山"号两轮首次满载面粉抵达秦皇岛港，返程装载煤炭安然抵沪。截至4月中旬，南京解放前夕，秦皇岛港共卸装南北通航船舶90余艘次，接卸面粉近30万袋，装运煤炭11万吨，同时为南北人民传递了数以万计的邮包。据合众社消息说国共秦申之间通航成功"可能成为共产中国及外界地区重开更多的一般性的交通的先声"。

1952年年初，英方总经理裴利耶携外汇经日本潜逃伦敦，开滦中方总经理余明德被迫呈请人民政府派员管理开滦煤矿和秦皇岛港。5月17日，中央人民政府决定由中央燃料工业部代管开滦及港口。至此，被帝国主义盘踞半个世纪之久的我国近代唯一一个自开大港，终于又回到中国人民的手中。

1953年1月1日，原中央人民政府燃料工业部及原开滦煤矿总管理处代管的秦皇岛港奉命由中央人民政府交通部统一领导和正式接管。

1954年4月21日，毛泽东主席视察了秦皇岛港，给港口职工以极大的鼓舞。

港　城

秦皇岛这座城市的发展主要依靠港口带动，开埠后借助港口发展国内外贸易，通过贸易推动交通、周围煤炭业以及城市工商业发展，逐渐成长为一个新兴的经济都会。港城分治多以城市为中心，而秦皇岛则不然，这是一座以港口为中心的城市形态。1916年京奉铁路改道后，以铁路为界，秦皇岛道南为商埠，道北为街市的城市格局约略形成，但街市面积远小于商埠，即典型的"港大城小"。究其原因，秦港长期以来始终是功能单一的煤炭输出港，难以带动其他相关产业的发展，由此也较大程度上限制了城市的发展。

1984 年，秦皇岛市被列为全国沿海开放城市后，东北、华北、西北的一些省、市从秦皇岛港进出口的货物明显增加。港口一度出现库场不够的局面。于是，外贸部门、企事业单位、部队、县、乡、镇等一齐上马建库场。据 1987 年 4 月统计，全市（不包括港务局）从事口岸仓储业务的单位猛增到了 49 个。

秦皇岛市成为沿海开放城市后，给当地工业的发展也带来了机遇。不断增加的对外开放的吸引力，使得外商投资、中外合资企业逐年增多，内联企业也逐渐增加，临港工业逐渐兴起。这些工业的兴起，必然会促进港口的繁荣。

不管是"以市促港"，还是"以港兴市"，都反映出一种城与港共生共荣、相互依存的紧密关系。秦皇岛人都愿意将自己生活的这座城市亲切地称为"港城"。

最　　大

到 20 世纪 90 年代，秦皇岛港已形成分工较明确、布局趋向合理、功能日益增多的现代化国际贸易大型港口的初步格局。秦皇岛港位于大秦线东端，铁路线直达港口，占据战略性地理位置，是大秦线运输煤炭的主要中转港。

2001 年，秦皇岛港吞吐量首次突破 1 亿吨，跨入亿吨大港行列。

2002 年，按照国务院港口管理体制改革，秦皇岛港务局由原中央政府下放到河北省管理，并改制为秦港集团。

2011 年，秦皇岛港吞吐量达到 2.79 亿吨，其中煤炭吞吐量达到 2.53 亿吨，均创历史新高。

2012 年，完成港口吞吐量 3.49 亿吨。

现在，秦皇岛港是中国内贸煤炭运输大通道的最重要枢纽港，在中国煤炭运输体系中具有举足轻重的地位。同时，秦皇岛港也是全球最大的煤炭输出港和散货港。

海洋文化涵养城市气质

吕红梅

鲁迅先生曾言："有地方色彩的，倒容易成为世界的，即为别国所注意。"一个地方的代表性文化就是最具内涵的名片，散发着与众不同的芬芳，令人过目不忘。

秦皇岛，它的得名与"千古一帝"秦始皇紧紧联结在一起，联系到浩瀚渤海中的神秘仙岛，以此为契机，这里成为历代名流竞相观海的胜地。经由开埠，这个有着神奇历史的小岛开始扬名世界。

秦皇岛城市文化的核心和特色是海洋文化与长城文化的交汇融合，海洋文化随着历史进展而生发，诸如神话、传说、人文景观、港口、旅游、文学、民俗、建筑等。作为城市中心区的海港区，不仅是秦皇岛的政治、经济和文化中心，而且是开启秦皇岛海洋文明的本源地。

公元前215年，秦始皇来到当时被视为帝国东北大门的濒海之地，面对浩瀚的大海，秦始皇不仅派数批方士入海求仙人仙药，考察他们的航海技能，相传还在这里拜荆。正是由此入海求仙的方士卢生带回了"亡秦者胡也"的录图书，引发了秦始皇发兵三十万北击匈奴、修筑万里长城的决心和举措。

如今"沿海地区"在人们心中往往被与经济发达、视野开阔联系起来，然而将时间上溯，唐宋以前，"襟江带海"还几乎是"穷山恶水"的代名词，海洋往往代表着"危险"和"神秘"。对于秦皇求仙的历史，我们今天不能简单地看作是单纯的迷信活动，而应看作是那个时代人们对于健康长寿执着追求的一种反映，是先人从黄土地文明向蓝色海洋文明探索的一种实践，这也正是海洋文化所包含的不畏艰险、勇于尝试的进取精神之体现。

昔日繁盛的传说吸引着后人不断前来观海吊古，秦二世胡亥以及雄才大略的汉武帝都曾达到过这里。公元 207 年，坚持统一中国大业的曹操在北伐乌桓取胜南返时，也来此观海并留下意境开阔、气势雄浑的组诗《步出夏门行》。其中《观沧海》更被赞为千古名篇："东临碣石，以观沧海。水何澹澹，山岛竦峙。树木丛生，百草丰茂。秋风萧瑟，洪波涌起。日月之行，若出其中；星汉灿烂，若出其里。幸甚至哉，歌以咏志。"后世学者认为诗中所提的"山岛竦峙"当是秦皇岛无疑。

秦皇岛渐渐彰闻天下，帝王将相、文人雅士不断登临，留下了无数诗作。例如隋炀帝杨广的《望海》五言诗："碧海虽欣瞩，金台空有闻。远水翻如岸，遥山倒似云。断涛还共合，连浪或时分。驯鸥旧可狎，卉木足为群。方知小姑射，谁复语临汾。"唐太宗李世民于此写下《春日望海》一诗："披襟眺沧海，凭轼玩春芳。积流横地轴，疏派引天潢。仙气凝三岭，和风扇八荒。拂潮云布色，穿浪日舒光。照岸花分彩，迷云雁断行。怀卑运深广，持满守灵长。有形非易测，无源讵可量。洪涛经变野，翠岛屡成桑。之罘思汉帝，碣石想秦皇。霓裳非本意，端拱且图王。"盛唐诗人独孤及留下一首《观海》："北登渤澥岛，回首秦东门。谁尸造物功，凿此天地源。濆洞吞百谷，周流无四垠。廓然混茫际，望见天地根。白日自中吐，扶桑如可扪。迢迢蓬莱峰，想像金台存。秦帝昔经此，登临冀飞翻。扬旌百神会，望日群仙奔。徐福竟何成？羡门徒空言。唯见石桥足，千年潮水痕。"明朝抗倭名将戚继光留下诗作《观海亭》："曾经泽国鲸鲵息，更倚边城氛祲消。春入汉关三月雨，风推秦岛五更潮。但从使者传封事，莫向将军问赐貂。故里沧茫看不极，松楸何处梦魂遥。"康熙、乾隆等帝王都曾不止一次地来过这里，并留下了诸多赞颂山海风光的抒怀华章，后人以"秦皇岛"冠名的诗篇也不在少数。

观海胜地秦皇岛有一独特景致：立夏后棹舟捕鱼，海面上渔船逐队上下，随波出没，晚归渔歌互答，饶有佳趣，还有寺宇可供邻眺。"秦岛渔歌"遂成乾隆年间的"临榆十景"之一；至光绪年间，被誉为"榆关十四景"之一。清道光年间副榜王朴诗云："祖龙鞭石血流丹，遗址千秋剩钓滩。竹笛一声天色暮，雪涛三面浪花攒。人声杂沓凉波咽，山色空蒙落照残。唱罢桡歌归欲晚，苍烟冉冉眷层峦。"

海洋文化还具有开放和包容的特征。不同于大陆农耕社会的安土重迁，生活在海边的人们日常生产生活具有更强的流动性，海运和贸易的发展让他们有机会接触其他文明，从而开阔眼界，获得更大的力量。光绪二十四年（1898 年），清政府宣布秦皇岛开埠通商，小岛开始展示变幻的开港风云，并为日后海港区的得名打下了坚实的基础。

光绪贡生、曾任《临榆县志》编辑的当地人程敏侯曾赋诗《贺秦皇岛开埠》:"于铄哉!秦岛东南黄海黄,秦岛西北长城长。斯岛若终守顽固,大名安能五洲扬?猗休哉!秦皇求仙虽荧惑,秦皇拓边实英武。荒岛继踵学开通,改良辟作春申浦。"港口一开百业兴,海港区逐渐成为中心城区,秦皇岛从此迈进了新的里程。

秦皇求仙和港口两块文化土壤层的交融,使海港区境内的海岸具备了举办"望海大会"的资质。每年旧历五月初五,周围十里八乡的男男女女、老老少少涌向东山码头"逛码头",看大海,看大船。据说这个相传甚久的习俗起源于 2200 年前秦始皇命徐福前往东海求长生不老药,因童男童女一去不归,亲人们每逢端午都来入海处登高远眺。时岁流转,望海演变成胜似庙会的赶集活动。如今这一风俗被现代秦皇岛人打造成文化与商业共赢的年节盛事,并且有了一个更为风雅的名字——望海大会。

说起"海",自然会想到"泳"。不过在民国之前,不要说妇女,即便是男子,也很少有到海中畅快一游的,所以当海滩上支起更衣室,秦皇岛一带即成摩登之地。正如徐志摩在文中描述的:"从树荫的间隙平望,正见海湾:海波亦似被晨曦唤醒,黄蓝相间的波光,在欣然舞蹈。滩边不时见白涛涌起,迸射着雪样的水花。浴线内点点的小舟与浴客,水禽似的浮着;幼童的欢叫,与水波拍岸声,与潜涛呜咽声,相间的起伏,竞报一滩的生趣与乐意……"方经在诗作《北戴河海浴行》中也描写了秦皇岛一带开放的海滩风情:"……其中乌发擅于潜,麝兰散处浓香甜。跃入银涛身似燕,宛转鲸波无危险……黄沙卧胜药石砭,玉体横陈任人瞻。岸旁观者议论金，男女同浴欧风渐。"

民国年间海边趣事不少，大多带点"野味"，比如"沙渚猎禽"。北戴河海滨至海港区之间的海岸沙滩上，海鸥、鹈鹕特别多。到了八九月份，路经这里的大雁落得满沙滩都是，夹杂其间的还有高腿长嘴的鹬。岸边丛林里，珍鸡野凫此起彼落。一些围猎的闲人，端着枪，往来追逐，枪声阵阵，野禽的毛血随处可见。傍晚，人们升起篝火，烧烤猎物，香气随海风飘散。当然，如今看来，与玩乐相比，还是爱护家园和野生动物更加重要。

"大雨落幽燕，白浪滔天，秦皇岛外打鱼船。一片汪洋都不见，知向谁边？往事越千年，魏武挥鞭，东临碣石有遗篇。萧瑟秋风今又是，换了人间。"进入新时代，毛泽东的一阕《浪淘沙·北戴河》在追溯秦皇岛海洋历史文化的同时，为这片土地赋予了新的声誉。

"我有时爱坐在海边礁石上，望着潮涨潮落，云起云飞。月亮圆的时候，正涨大潮。瞧那茫茫无边的大海上，滚滚滔滔，一浪高似一浪，撞到礁石上，唰地卷起几丈高的雪浪花，猛力冲激着海边的礁石。那礁石满身都是深沟浅窝，坑坑坎坎的，倒像是块柔软的面团，不知叫谁捏弄成这种怪模怪样。"这是当代著名散文家杨朔在《雪浪花》中的一段描写，秦皇岛的海滩激发了作者的激情，将散文的叙事写景与意境创造结合起来，创造出散文诗化的独特写法。

一方水土养一方人，海不仅促进了经济文化的发展，而且带给这一方人无穷的乐趣。港城人最家常、最大众的活动当属垂钓和赶海。港城理想的钓鱼场所很多，很多地方岩石突入海中，近处又长着水草，大鱼小鱼成群结队在水里钻来钻去。鱼饵有两类，一类是八带子、青皮子等天然鱼虫。人们最喜欢用一种八角小鱼，捉这种小鱼方便又有趣，头天晚上将挖空的鲜海螺壳放在浅水中，第二天早上去取，里面钻满了八角小鱼，它们眼睛似闭非闭，好像在酣睡。这种小鱼味道极鲜，许多大鱼都爱吃。另一类是人造鱼饵，给制成鱼虫状的化学材料涂上颜色，粗心大意的鱼往往上当。能钓的鱼有许多种，同罗鱼、燕鱼、镜鱼、鲈鱼最多，幸运的钓友一天能钓上百斤鲈鱼。海港区东山是钓螃蟹的好地儿，有老港务局的工人早上上班早去一会儿，在船帮上拉根手弦，不多一会儿能钓好几斤，手艺好的甚至能钓一草袋大海蟹。初一、十五最适宜赶海，早上三四点钟，一大家子拿着大耙子兴致勃勃地去落潮的海叉子搂花蛤，拾海星、海参、海白菜，那是许多老秦皇岛人记忆中难忘的快乐画面。

临海而居，自然有食用水产品的习惯。在海港区老人的记忆里，20世纪三四十年代，秦皇岛人买海鲜都去鱼市街。那时对虾成对儿卖，串在细铁条上，串子前面连着一根马莲（系粽子用的草），买时将对虾撸到马莲上一系交给您提着，方便又环保。春虾色青，个大，一只能有2两半重。平时只有富人舍得买，买两三对儿也算多的了，穷人只在来客人时买上一对儿，炒韭菜或包饺子吃。皮皮虾便宜，一毛钱好几斤，老百姓吃得起。那时的偏口鱼很肥大，小孩子提着都得拉落地，身子很长的黄花鱼和洋鱼也是常见海产。烹调海鲜，除了炖、煮、蒸、炒、烧烤之外，当地人还制作虾酱、蟹酱或者晒成干货。

港城因海得名，因海而兴，海洋历史文化遗存丰富，海洋文化外延更有着广阔的拓展空间。

秦皇求仙入海处开发往事

李正端

　　翻阅海港区政协历届档案，一份题为《开发"秦皇求仙入海处"为古文化名胜旅游风景区（东山公园)》的提案引人注目。正是这份提案促成了"秦皇求仙入海处"景区的开发与建设，改写了海港区无旅游景点的历史，开启了海港区旅游业的辉煌，并产生了巨大的社会效益和经济效益。我时任海港区区委统战部副部长、台办主任，是这份提案的撰写人。已届耄耋之年的我回首往事，为能为家乡建设贡献绵薄之力，甚感欣慰。

　　秦始皇东巡碣石求仙的故事对于国人可谓人所共知，妇孺皆晓。在秦皇岛被国务院批准为进一步对外开放的沿海港口城市之一的大背景下，能否利用这一宝贵资源，传承地域历史文化，大力发展旅游业，是我一直思考的问题。

　　从1985年开始，我花费了大量业余时间，查阅史料，请教专家学者，走访当地居民，对"秦皇求仙入海处"和"秦皇求仙入海处赑屃鳌座石碑"进行深入广泛的研究、探寻、考证。1988年夏天的一个早晨，我在海港区的东山浴场首次发现赑屃鳌座石碑残块。作为一名政协委员，我撰写了《开发"秦皇求仙入海处"为古文化名胜旅游风景区（东山公园)》的提案，又联名孙文江、张世忠、欧阳玲等委员共同提出，建议市、区政府将残碑打捞上岸，作为文物进行考证。提案受到区领导的高度重视。1988年8月1日，区政协予以立案，8月3日，区政府时任区长周重光组织召开有区政协主席、常委和部分委员参加的对话会议，采纳了我和孙文江等人的提案建议。8月24日，区政府专题向市政府写了请示报告。时任市政府秘书长冯国华阅后批示：由市旅游局、文化局提出意见，并请顾市长、张副市长阅示。市长顾二熊亲自批示：同意海港区所提方案，建议：（1）恢复"秦皇求仙入海处"；（2）重建东山公园，进行绿化和美化。

　　不久，港务局要在此兴建4栋6层职工宿舍楼，我得知此情况后，立即撰写《抢救"秦皇求仙入海处"的绿地》的提案，10月12日，由我和市政协委员、区政协副主席高连奎、李树栋、吴幼发和区政协委员张世忠、方如琪6人联名紧急递往市政协，呼吁恳请市委、市政府采取措施，停止港务局在东山公园内的施工，为开发景区让路。10月29日，市政协就此事召开主席会议，并以市政协主席会议名义向市政府提出紧急建议案。会后，市、区政协领导亲临施工现场视察，建议港务局另选他址。

　　1988年11月5日，海港区召开"秦皇求仙入海处"遗址研讨会议。市、区有关单位领导和一些专家学者参加会议，会议对遗址修复工作提出了安排意见，并把"秦皇求仙入海处"定为区级重点文物保护单位。

　　1988年11月18日，《秦皇岛日报》刊载了《抢救"秦皇求仙入海处"的绿地》的文章，此事再次引起市领导重视。为此，市长顾二熊、副市长崔致中和港务局局长黄国胜共同视察施工现场，决定停止施工，同时搬迁东山公园内的100多户职工住宅。

经区政府批准，1989年1月5日和21日，由我和区政协副主席李树栋负责，组织人力、物力打捞残碑。海港区城管局、园林局、市港务局老码头机装一队等单位共60多人参与了打捞工作，残碑分两次打捞上岸。我在走访时，在港务局职工李凯家还发现一大块残碑，动员其捐出。残碑大小共8块一并存放在东山公园内，后又搬至求仙殿内保存至今。打捞残碑时，河北省、秦皇岛市多家媒体亲赴现场采访拍摄，第一时间作了报道。很快中央电视台《午间新闻》栏目也作了报道。据考证，此碑系明宪宗成化十三年（1477年）为秦始皇东巡碣石求仙所立。"文革"时，石碑被红卫兵以"破四旧"为名砸碎，推入大海，海水的腐蚀，海浪的冲刷，使得碑文荡然无存，但碑顶二龙戏珠、赑屃碑座脚形仍非常清晰。

1989年秋，海港区政府组建"秦皇求仙入海处"景区筹备指挥部，区长周重光任总指挥，区委副书记杨左祥，副区长杨文波、彭树清、李秦生和我任副总指挥，区政协副主席李树栋、区人大常委会副主任谢煜等11人为成员。指挥部利用农历正月十五元宵节之机，仿"秦皇求仙入海处赑屃鳌座石碑"制作通体空心透明碑灯，置于海港区文化路口展示。时任市长顾二熊视察参观灯展时，对此表示赞赏。他还自费打印"秦皇求仙入海处"宣传材料千余份，向市区人大代表、政协委员、各民主党派、人民团体和广大居民发放，引起了大家的共鸣。

1990 年秋，海港区政府组建开发景区筹建指挥部，区长徐淳任总指挥，区人大常委会副主任谢煜任副总指挥，指挥部下设办公室（负责人姚国利）、工程组（负责人张万春）、文化组（负责人李正端）。办公地点设在景区英式别墅内，开始筹资开发景区。不久，我在秦皇岛东山海边首次发现秦代建筑遗物绳纹板瓦、卷云纹瓦当、米格纹网纹空心铺地砖、墙砖、陶器皿等数百片残块，当即携此样品照片和实物向有关领导及单位作了汇报。经调查，系港务局在此建设导航灯塔和管理处大楼深挖地基时挖出倾倒在海边的。上述建筑遗物现存于秦皇求仙入海处景区内的求仙殿内。绳纹板瓦、卷云纹瓦当等文物的发现，曾被新华社、中央人民广播电台、《光明日报》、《人民政协报》、民革中央《团结报》、《中国建设报》、香港《大公报》、上海《文汇报》、福建"海峡之声"广播电台、南京"金陵之声"广播电台、台湾《黔人》杂志、河北电视台、《河北日报》、秦皇岛电视台、《秦皇岛日报》、海港区《港城晨报》等多家媒体报道，产生了轰动效应。日本友人甲口和美女士闻讯来访，她来到残碑前说："日本有徐福庙、徐福祠、徐福塑像、徐福上岸处，秦皇岛有'秦皇求仙入海处'，这海岸上的两点，可对接连成一线航空、航海，希望以此美景进行日中文化、商贸交流，世代友好。"

1991 年 9 月，区长宋福庆任指挥部总指挥，开始景区的工程建设。1991 年 10 月 21 日，秦皇求仙入海处一期工程由市土地规划局委托中央美术学院和中国城市规划设计研究院按"秦皇求仙入海处"的意境对近 20 公顷的秦皇求仙遗址进行规划设计，建筑仿照秦代建筑风格。主要包括阙门（大门）、阙门两侧"天禄"

石雕一对、复制秦皇求仙入海处赑屃鳌座新碑、碑亭、始皇立体石雕像、秦皇井、求仙路等景观。一期工程很重要的一项工作是复制秦皇求仙入海处赑屃鳌座石碑，幸运的是我在寻找残碑走访本市居民时，搜集到一对男女恋人于 1947 年春在未毁的秦皇求仙入海处赑屃鳌座石碑两侧合影照片一张，随即请市群艺馆画家范瑞生按此照片绘制立体施工图，并携此图纸及相关史料自费赴京请中国佛教协会会长赵朴初重题碑名"秦皇求仙入海处"。赴保定曲阳县东风石雕厂定制新碑。石碑修复时，我走访回秦探亲台胞孙瑞明先生，孙瑞明先生慷慨解囊，捐款人民币 11000 元复制了新碑。

1992 年 6 月，伴随全国人大常委会副委员长彭冲手中彩剪的张合，"秦皇求仙入海处"景区的大门打开了，景区迎来了它的第一批客人。数以万计的各界代表和中外游人前来祝贺，览胜游赏。其中有知情者说："'秦皇求仙入海处'的兴建，应给政协记头功。"

1993 年 2 月，"秦皇求仙入海处"二期工程开工，由天津美术学院和沈阳鲁迅艺术学院规划设计。包括：战国风情、十二神兽石雕、《碣石刻石》碑、求仙殿、求仙苑等景点。在复建碣石刻石碑刻时，我仔细翻阅了史料，发现《史记》中尚有原文，遂请中国著名秦文专家李文放女士按《史记》原文，用秦篆亲笔书写，并在她的主持下，复建《碣石刻石》碑于景区海岸上。复建时，我为其捐款 600 元。

随后，党和国家领导人、老革命家、海内外知名人士、著名专家学者、媒体记者闻讯纷至沓来，到此视察、调研、考证、访问、采风、报道。原国家主席杨尚昆视察残碑后说："找到了这块残碑，就找到了秦始皇求仙的文化历史。"

景区施工中，园中尚有 1898 年秦皇岛开埠时由英国人所建的两栋各约 300 平方米的"开滦矿务局高级员司特等房"英式别墅。有人主张与其他平房一块拆除，我竭力阻止，使这一百年的文物得以保留。2004 年 10 月 22 日，此别墅经秦皇岛市人民政府批准，由市文化局挂牌公布为"重点文物保护单位"。

如今，来到"秦皇求仙入海处"的海边，柔软细腻的沙滩、款款的海风、点点的帆影，迷人的海滨景色会让您心旷神怡，流连忘返。而"秦皇求仙入海处"古文化名胜旅游风景区正以一幅千年古画卷、一曲传诵至今的亘古长歌，向您讲述着那段秦始皇东巡碣石求仙的故事。

（作者时任中共海港区区委统战部副部长、台办主任）

缸砖路砖谱

王春晓

　　世人常仰视庙堂之高，却无视草堂之破，其实那都是我们的历史。贵妃醉酒华清苑，是盛唐；杜甫秋风败草房，也是盛唐。

　　缸砖路隐逸在开滦路的暗面，遭人漠视，任人轻贱。实际上，它是秦皇岛由渔村走向港城的拐点，是一处重要的历史地理坐标。

　　缸砖路本是一条长街，始建于 1913 年，南起一货区，北至高道口，西折劳工里，全长 2.4 公里，呈"7"字形。现今的缸砖路只是存留时间较长的一段，处在"7"字的角上，颇与它的历史地位暗合。老人常说的一句话："先有缸砖路，后有开滦路。"

　　缸砖路顾名思义，由缸砖铺就，沥青黏结，细沙找平，下以"凹"形水泥路面承载，砾石接地，集古今多种筑路工艺于一身。砖上压制"KMA"字形，但却素面朝上。以一种砖的名字命名一条街巷，可见这种砖曾让人怎样的拍案称奇。

　　关于"KMA"缸砖的来历有一种普遍的说法是"舶来"说，即从英国或比利时船载而入。而汉字"开滦"缸砖的发现，让我们对这些砖的出身又多了另外一种猜想。无论是舶来品，还是国产货，它们都是这座城市基因的碎片，必定链接了城市变迁的信息，会补缀文字史料的失缺。

"缸砖"因其釉色如陶制的水缸而得名，又因其坚实如铁，故又称其为"钢砖"。缸与钢同音异质，分诉表相与精神，而民声状物，往往直指核心，因此民心终不可欺。

缸砖路与开滦路互为表里，缸砖路是商人的后庭。缸砖路的宅院多为高墙库门，方拱不一，砖石有别，中西合璧。青砖灰墙，上设异形空格，围而不死，幽严而不失空灵。木质叉白双开大门，沉稳厚重。院内平房，或有中式影壁，或有西洋础柱，皆有可观。

开滦路则是商家的门面，多为廊柱，或加女墙的西式单层建筑，长期为我市的繁华首地。路西有一处花园，名为"三角花园"，旧称开滦广场。内设主席台，原为公审大会、群众集会等政治活动的重要场所。各种游行、庆典，开滦路也是必经之地。历史的风云常从前门掠过，而生活的炊烟则从后院袅袅升起。

新中国成立后，缸砖路的私宅成为公房。独门独户，变成数家合居的杂院。住户在院内用废弃的各种旧砖自建下房、煤池，院落日益逼仄。

房改后，大部分老户迁居楼房，缸砖路两旁的老宅作为出租屋，聚居着各种小贩和底层移民，更加零乱和破败。历经近百年的风霜雪雨，砖墙因风化而凸凹，木门也油漆斑驳脱落。曾经的荣华与现实的落寞让人感伤。走进院内，沧桑盈目，就像面对地质的断层，迭现着城市的前世与今生。

2010年夏，开滦路、缸砖路改造工程奠基。我们无法留住老街，只能收拾老街的残砖故物，寄望以此激活那些沉潜的记忆，让城市的过往不像夜梦一般迷离惝恍。

一种情结，无可名状。或许是它们曾经留下我童年零乱的脚印，让我对这些老砖满怀不舍；或许是为了留存一份不该忘却的历史记忆，给自己，也给小城。三年多来，拆过几段墙，扒过许多炕，几乎翻检过废墟上的每一块砖头，终得不同形质的老砖数十种。

其中不同版本的"KMA"加字耐火砖数量最多，有些沾挂玻璃残釉的耐火砖看来应为耀华玻璃厂的旧物，耀华是中国玻璃工业的摇篮，据说最初的耀华用砖是从比利时直接进口。

汉字或拼音"开滦"砖、多字外文砖数种，如：MADE IN CHINA、SSTAIKA、KAILAN、CEMCL 等。

阳文"KMA"大象方砖两种：一种素背大象砖，确定为天主教堂（天主教堂是 20 世纪 40 年代由荷兰神甫主持修建，"文革"期间毁弃，1986 年原址重建，是天主教进入我市的标识）旧址地饰；另一种格背象砖，因异地出土，出处不明。

商标类砖有耀华、双环、东亚、德胜牌、顺辅、永字、五星等多种，其中东亚和得胜牌砖疑与日本侵华有关。

还有几块字母旋转、错位、漏字、叠印的错版砖，也很耐人玩味，它们记录了一次小小的故障，也透露了活字印刷这一小小的玄机。

不同规格的缸砖，与传统灰砖迥异，是缸砖路的标识性砖品。其中最为精美的"KMA"鱼形图文砖，似用于缸砖路的装饰。鱼形图文砖胖瘦微差，精糙有异，应为不同批次的产品。其中一款嘴前有一气泡，甚为俏皮可爱。而传说中的小象缸砖，终于无缘相见，深以为憾。

更有半砖两种，一种为"KMA"砖坯中分，另一种平素无文，因其六面挂釉，判断为方便施工预制，周到的设计令人肃然起敬。特别应该提到的是一块多字外文砖，正背两面压制细密的凸线网纹，似为增加附着力而制作，不仅美观而且颇具实用价值。

许多老砖都是历久弥新，虽经无数的人踩车轧，磨损严重，却依旧棱角分明，未失其坚。真不知这些普通的工程建筑用砖何以制作得如此坚固精美，西方人的理念令我们匪夷所思。

历史的河流常常因故改道，而陈年的旧物却往往汇聚因缘，如此丰富的老砖齐聚缸砖老街，不知它们见证过怎样的历史，又记录了多少尘封的往事。遗憾的是，我们所能够窥探到的只能是一部分，历史的全貌则永远无法掌握了。

百年港铁　世纪风华

徐兰丰

　　秦皇岛港 1898 年开埠建港，1899 年开始筑港工程，同年修筑港口自备铁路，百年秦港史亦可以说是百年港铁史。历史这面镜子，不仅记录着 119 年来秦皇岛港职工奋斗不息的坚实足印，同样也折射出港口自备铁路、自备机车一百多年来的历史变迁。

1899 年港口自备铁路诞生

　　19 世纪中叶，西方殖民主义者大举入侵，沿海大部分重要海港成为"约开口岸"，各重要铁路线的投资建筑权和重要矿山的投资开采权也被侵略者攫取，国家主权丧失殆尽。

　　1898 年，清政府为"兴复海军、振兴国务"，极力谋求京畿出海通道，宣布秦皇岛为通商口岸。1899 年，港口修筑了第一条自码头至汤河火车站的 4.8 公里单线铁路，与 1893 年中国第一条铁路干线——津榆铁路接轨。这条线路的竣工标志着秦皇岛港口自备铁路的诞生。

1909 年港铁作业线增加

　　1909 年，大码头铁路由 60 磅改铺 80 磅重轨，设立磅房，计量进出口货物。1910 年，港区铁路总长 12.5 公里，形成了每年 50 万吨的拖运能力。

1913 年 8 月，港口新建一座铁道磅房。1914 年 12 月，港内煤场至码头铁路铺设双线，分上行线和下行线。1916 年 9 月，京奉铁路秦皇岛绕线工程通车，汤河火车站废止，新建铁路秦皇岛站，港内自备铁路作业线也由原来的 3 股增至 5 股。又经过十多年的发展，至 1927 年，港域铁路专线总长已达 37 公里。随着港口设施的扩建，到 1948 年港口自备铁路总长达 40.2 公里，使秦皇岛港成为中国沿海各口岸港管铁路最发达的港口，港口自备铁路也成为秦皇岛港装卸运输方式及生产效率提高的一大优势。

在港域内，铁路专用线分布在各个泊位、堆场和仓库，出口煤炭可由煤矿装车直发进港，原车上船；也可卸场后换装港口自备机车再装船。进口杂货同样可以直接装车运往外地，或由自备机车接卸入库，缩短了铁路货车和船舶在港停留时间，加速了货物的周转。

1973 年港铁快速蓬勃发展

1973 年，港口职工坚决响应周恩来总理"三年改变港口面貌"的一系列号召，开始了大规模港口建设。同年，中国第一座管道式输油码头在秦皇岛港建成，同时从京沈铁路龙家营站引入一条长 3000 多米的专用线，使成品油列车直达港口燃料油罐区。1975 年 10 月，9 号泊位及前沿技术改造成功，新铺设铁路 2.8 公里。1975 ～ 1977 年，甲码头工程项目配套铁路总长为 8.7 公里，其中码头装卸线 6 股，分区车场 3 股，南道口咽喉区改造增加 2 股走行线，新建磅房 1 座，两侧各设 1 台 100 吨轨道衡和 2 股线路。

党的十一届三中全会以后，改革开放成为时代发展的主流，秦皇岛港以及港口铁路也进入了快速蓬勃发展阶段。

1978年2月，9号泊位后沿再次进行技术改造，加铺长0.48公里的卸车线1股；1980年8月，8号泊位后沿实施技术改造，新增2股卸车线及走行线，铺轨长2.7公里；1982年6月，8号泊位后沿再次进行技术改造，又新增卸车线2股。上述新建线路都安装了电动信号，统一由分区车场信号楼集中控制。

新中国成立后大好的发展环境和港口的自强不息，使秦皇岛港发生了翻天覆地的变化，运输生产蒸蒸日上，到20世纪70年代末期，港口已具备1350万吨的吞吐能力。但自备铁路的发展却明显滞后于港口的发展，650万吨的铁路通过能力成为制约港口运输生产发展的瓶颈。为解决这一矛盾，1980年4月，秦港投资130万元对铁路总调车场进行技术改造，几乎所有改造项目都是自己设计、自己施工，当年12月就全部竣工并投入运输生产。总调车场技术改造的成功，彻底摒弃了沿袭80年的鸣笛要道、手工扳道的陈旧作业方式，实现了电动信号统一由分区车场信号楼集中控制，开辟了加速港口自备铁路建设的重要途径，成为港口铁路发展的一个里程碑。

在对总调车场进行技术改造的同时，西进线铁路工程也正式开工建设，并于1981年11月全线开通，年通过能力770万吨。西进线车场的投产缓解了东进线的紧张状况，并为丙、丁码头预留了发展余地。

1981年港铁的现代化

为缓解国家能源运输不适应国民经济迅速发展的矛盾，经国家立项，解决西煤东运、北煤南调问题的"京秦""大秦"能源运输专线于"六五"期间开工兴建，同时秦皇岛港配套建设煤码头一期、二期工程和港内自备铁路工程。港内自备铁路工程1981年10月开工，1985年正式运营，以路港联合编组站的形式，分别管理6个站场，年通过能力为3050万吨，与之配套的机车系日本日立公司制造的HFA-248内燃机车共7台，完全满足了煤码头一、二期运输生产的需要。

港口在加快铁路基础设施建设的同时，港口坚持依靠技术进步和技术改造，分别对机、工、电、衡设施进行更新换代，极大地促进了生产力的发展。

铁路的变迁自然带来了机车的变迁。1983年以前，港口铁路牵引动力主要是上游、跃进型蒸汽机车。随着煤一、二期铁路运营，7台"日立"机车取代了东港的蒸汽机车。自1993年之后又连续4年共购进9台"东风"5型机车，到1997年6月8日，历经98年、看尽秦港沧桑的蒸汽机车终于告别了秦皇岛港运输线，成为历史的"活化石"。港口铁路的牵引动力全部实现了内燃机化。

随之而来的还有调车技术的变迁。1990年以前，铁路运输调车作业采用灯、旗指导。从1991年开始，东港站率先采用无线电台调车，继而在西港区（即开滦路港站）进行全面应用，不但大大提高了劳动效率，还减轻了工人的劳动强度，对安全生产起到了重要的保障作用。调车无线化的凤愿于1995年成为现实。

轨道衡是铁路计量的重要手段。港口原有4台机械静态轨道衡，随着港口运量的急剧上升，已无法满足货物计量检测的要求。在反复论证的基础上，港口于1991年在铁路东三场安装了2台德国菲斯特公司制造的动态电子轨道衡，从而满足了煤一、二期年吞吐 3000 万吨的需要。1995～1997 年，在总调车场又安装了德国申克公司的动态电子衡，在丙丁调车场新增了一台静态电子衡。至此，改造和新装的轨道衡全部采用了先进的计算机控制。

借助改革开放的大潮和国家振兴的大好时机，港口铁路也得到了前所未有的大发展。如今秦皇岛港铁运分公司已具备了二站七段的生产经营组织，形成了港口东、西两大生产区域、12 个分区调车场，港口铁路已延伸为 197 公里，拥有内燃机车 13 辆，拖运能力 1 亿吨，已实现了牵引机车内燃化、铁路信号自动化、调车指挥无线化、货物过衡电子化、生产管理标准化，港口自备铁路、自备机车已成为秦皇岛港发展的特有优势，正在为港口的发展创造更加灿烂辉煌的未来。

第二辑

玻璃文化

天地凝光耀中华

王红利

兴办实业　光耀中华

秦皇岛耀华玻璃总厂，亦称"中国耀华玻璃公司"，老厂区坐落在海港区，全厂分为东西两个厂区，东厂区（总厂）位于海港区南部，与秦皇岛港相邻，西厂区（新厂区）位于海港区西北部，与东厂区相距3公里。

秦皇岛被誉为"中国玻璃工业摇篮"，也有人称之为"玻璃之城"，这些荣耀的取得，完全是由耀华玻璃厂的历史地位所决定的。

耀华厂始建于民国十一年（1922年），它开启了中国玻璃工业发展之门，中国第一块机制平板玻璃在这里诞生。耀华玻璃厂的建立与民国初年一位大人物有着密切的关系，此人名叫周学熙，是清末民初杰出的实业家，曾被后人誉为"中国北方工业巨子"，他与中国另一位著名实业家张謇齐名，被称为"南张北周"。周学熙，自幼读书，28岁中举，其后屡试不第，无奈遂绝意仕进，走实业之路。周学熙与当时正冉冉升起的政治新星、山东巡抚袁世凯意气相投，并将妹妹嫁给了袁世凯的八儿子袁克轸，于是亲上加亲，结成官商同盟。周学熙是继盛宣怀之后，声名最隆、成就最大的官商。他出身官宦世家，父亲周馥早年追随李鸿章，官至两广总督，也是一个著名的洋务派大臣。周学熙跟袁世凯关系紧密，一度成为北洋政府的财政操盘手。

1903 年，比利时人埃米尔·弗克（Emile Fourcault）发明的平板玻璃制造法——弗克法（后称有槽垂直引上法）问世。它改进了传统人工吹制法的旧工艺，提高了玻璃质量，降低了生产成本，使平板玻璃由手工生产跨入机器大批量生产的时代，为当代大规模玻璃工业奠定了基础。

1914 年，世界上第一座采用"弗克法"生产玻璃的工厂在比利时建成投产，1919 年，"弗克法"专利权已经售给希腊、德国、日本、美国等 12 个国家。1920 年，比利时乌得米银行购得"弗克法"专利技术，并成立了秦皇岛玻璃公司，准备在中国独资或合资办厂，因为当时的中国虽然幅员辽阔，人口众多，玻璃工业却几乎是一片空白，如在国内设厂，玻璃工业将有广阔的市场前景。

周学熙了解到在比利时成立的秦皇岛玻璃公司有转让专利权的意图后，审时度势，立意由滦州煤矿提存的股息投资创办新公司，与秦皇岛玻璃公司（外资）合股，定名为"耀华"。在他的《周止庵先生自叙年谱》中有这样一段记载："民国十年辛丑五十七岁，居天津。创办耀华公司。盖滦矿公司自联营后，盈余颇厚。余以为此乃华北利权，既具财源，应用之提倡华北实业，以裕地方而富民生，故历年盈余，除发股息每股二元四角，尽力兴办地方公益事业，为直省谋幸福。又投资新兴各实业中，以资补助。今更筹办制造玻璃厂于秦王岛，成立公司，名曰耀华，由滦矿、开平各拨款附入，作为股本，其营业亦由开滦局代为经理。"

1921 年 8 月，周学熙与秦皇岛玻璃公司代表进行磋商洽谈，达成中比合资办厂的协议，同年 12 月，签订了《华洋合股合同》，公司定名为"耀华机器制造玻璃股份有限公司"。1922 年，3 月 27 日在天津召开了第一次股东会，选出董事及监察人。同年 12 月 13 日，中华民国政府农商部颁发耀华公司注册执照，执照编号为"股份有限公司注册第三类第七百七十号"，耀华公司正式宣告成立。自此，耀华诞生在华夏大地上，成为亚洲第一个拥有"弗克法"生产线的玻璃生产厂家。耀华玻璃厂的成立，结束了外商独占中国玻璃市场的局面，拉开了中国当代玻璃工业的序幕。

周学熙在耀华公司成立以后，并未担任任何实际职务，但是耀华初创时期的经营擘划、大政方针无不与其息息相关。耀华厂先后经历了中比合资、中日合资、官商合办等几个不同阶段。新中国成立后，人民政府没收了耀华股份中的官僚资本，使老企业焕发新生，为新中国的经济振兴做出了一份贡献。中国玻璃工业的起点是耀华，引领新中国玻璃工业发展与革新的龙头依然是耀华，耀华为今天中国发展成为世界瞩目的玻璃生产大国做出了不可磨灭的巨大贡献。

新中国成立以后，耀华先后迎来过伟大领袖毛泽东、人民总理周恩来和国家主席刘少奇等老一辈革命家的光临造访；改革开放以后，耀华又备受杨尚昆、李鹏、朱镕基、邹家华、吴邦国等国家领导人的关怀。耀华就是这样在党和政府的关怀、重视和支持下，经过 80 多年的发展，成为民族玻璃工业的一面旗帜。

进入 21 世纪以来，耀华从单一生产平板玻璃的企业发展成为特大型综合性玻璃集团，成为国内唯一一家集设计、建设施工、产品研发、生产与加工于一体的综合性企业集团。目前，企业拥有 30 多家子公司以及国家级企业技术中心、玻璃研究设计院和博士后工作站等高水平的科研机构，产品达 140 多个品种，总资产 51 亿元。

当前，玻璃产业在秦皇岛市的工业中占有主导地位，形成了玻璃原片、玻璃深加工、玻璃机械制造的产业链条。秦皇岛早已成为中外闻名、名副其实的"玻璃之城"。

博物洽闻　通达古今

耀华玻璃公司在秦皇岛有近一个世纪的发展史，秦皇岛玻璃工业开创了中国玻璃工业的先河，秦皇岛也成为世界闻名的"玻璃之城"。为了纪念这段历史，发掘玻璃文化、展示玻璃魅力、记载玻璃的发展历程，2010 年 12 月，秦皇岛市依托位于海港区文化路 44 号的耀华玻璃厂旧址成立了秦皇岛市玻璃博物馆。

耀华玻璃厂旧址原为耀华机器制造玻璃股份有限公司秦皇岛工厂，位于海港区文化南路，始建于 1922 年，为比利时人建造，砖石结构，现存电灯房、水塔、水泵房三处。2001 年，耀华玻璃厂"退城进郊"工程启动，2004 年，耀华厂遗址成为市级文物保护单位，2008 年，被公布为河北省第五批文物保护单位，2013 年，被公布为第七批国家级重点文物保护单位。

2012 年 8 月，依托耀华玻璃厂旧址建立的"秦皇岛市玻璃博物馆"正式对社会公众开放。秦皇岛市玻璃博物馆是我国第一家国有玻璃专题博物馆，占地 11.25 亩，总建筑面积 2822 平方米，博物馆由展览区、遗址公园、服务区和办公区四部分组成。展览区以"天地凝光"为主题，包括"古代玻璃及发展""中国玻璃工业摇篮""中国当代玻璃工业""璀璨神奇的玻璃世界"四部分展示内容，充分展现了玻璃的前世今生、制作工艺和绚烂的玻璃艺术。

博物馆的展品品类繁多、传承明晰，既包含我国玻璃文化开端，又涵盖我国历代玻璃工艺的演变，更有我市玻璃工业辉煌鼎盛时期的生产状态；既有反映民俗文化的琉璃饰品，又有体现当代艺术的玻璃艺术珍品，更有极具异域风情的舶来异宝，充分展示了玻璃在民众生活中的重要作用与独特的文化艺术魅力。建筑遗址即为大可玩味的可观赏景观，与博物馆内部的展品交相辉映，相得益彰。

玻璃博物馆是建设社会主义精神文明、进行爱国主义教育的重要阵地。特别适宜对大、中、小学生进行爱国主义教育，了解玻璃发展的历史及我国玻璃工业的辉煌业绩，普及有关玻璃生产的科学知识。玻璃博物馆以珍贵的历史文物史料为依据，以史串物，以物说史，教育我们的子孙后代，培养爱国主义情怀，有利于进一步振奋民族精神，增强民族凝聚力，使源远流长的历史文化得到传承和发展。

玻璃博物馆免费向公众开放，已经成为秦皇岛的旅游观光地、学生科普基地、爱国主义教育基地和展示秦皇岛地域文化的一个窗口。秦皇岛市玻璃博物馆不仅为公众搭建了一个玻璃文化与玻璃艺术精品展示平台，也为世人了解玻璃工业，了解秦皇岛这座城市提供了最佳视角，是传承玻璃文化、塑造城市形象的一张亮丽名片。

天地凝光　文保典范

耀华玻璃厂旧址包括三座老建筑——电灯房、水塔和水泵房。建筑由比利时设计师设计，1923 年建成，整个建筑为典型的法国哥特式建筑风格，建筑造型玲珑，细部工艺精美。

电灯房是耀华玻璃厂重要的配套服务设施，共分两层，总面积 1453.5 平方米，高 13.6 米，曾为耀华玻璃厂生产、生活提供电力保障。2008 年，秦皇岛市政府对其进行过一次整体修缮加固，现在作为玻璃博物馆的主展厅对外开放。水塔由砖石砌筑，原塔高 16.7 米，储水容量 95.69 立方米，1977 年，对塔身进行了增高加固，加固后的塔高为 23.15 米。水泵房是水塔的配套设施，总占地 260 平方米，其中控制室为单层圆形结构，占地 61.34 平方米，为欧式风格建筑，蓄水池为长方体结构，下有深水井，四季有水。耀华玻璃厂旧址的整体构成，是中西结合工业建筑遗产的产物，包含了当时建筑水平的重要信息，具有很高的审美和欣赏价值，同时也是研究中国近现代工业发展历史的重要实物证据。

依托国家级重点文物保护单位的建筑设立博物馆，是一种较为妥善的文物保护方式。《中华人民共和国文物保护法》第四条中明确规定："文物工作贯彻保护为主、抢救第一、合理利用、加强管理的方针。""合理利用"是文保工作十六字方针内容之一，当下，经济高速发展，城市建设也一日千里，一些重要的工业遗产被列入文保名录，因地制宜，成立博物馆，既能保存工业遗产的重要历史信息，又能赋予工业遗产新的生命。

耀华的历史，不仅是秦皇岛玻璃工业发展的历史，更是全中

国、全世界玻璃工业发展的一个缩影。毫无疑问，保护耀华玻璃
厂旧址，对于传承秦皇岛地区的历史文化，丰富秦皇岛地区人文
旅游资源有着重要意义。

民族玻璃工业的艰辛探索

陈厉辞

　　每当月夜，孤身闯入历史的迷雾。自书房北望，远处寒山寂寥，那是燕山余脉。铁路将眼前的平野一分为二，那是国家的脉搏，使每座城市、村庄、港口相连，不再孤立。我相信每座城市、每个行业都存在一个看不见的脉搏，它存在于跨度更大的空间与时间，却将成败因果联系得更加紧密。因此，我认为任何时局的出现并非偶然，在种种孤立、虚幻的表象下必定存在逻辑缜密、因果呼应的关系。

　　近代民族工业始终存在着两种力量：民族资本与国外资本。民族工业的发展史，基本上是这两种力量此消彼长、相互博弈的过程，它们的利益切割以及所形成的产业、资本格局，最终构成了民族工业成长的表象。耀华玻璃厂也不例外，史学家将近代耀华分为"中比合办""中日合办""官商合办"三个阶段，依据就是外资性质与所占比例。建厂之初，耀华不仅拥有比国玻璃生产专利，在人事任命与资本构成上都最大限度地保持了中方的相对优势，保留了耀华的"民族性"。回顾历史，这种民族资本完胜外国资本的情形并不多见，多数人将此归功于周学熙的韬略。鲜有人知道民族玻璃工业在学习西方并保持相对独立的过程中，民族资本与外国资本相互博弈的残酷历史。

师 夷 长 技

同治八年（1869年）农历五月二十八日，时任直隶总督的曾国藩与门客赵烈文秉烛夜谈，他对赵烈文说，当今之世已是"民穷财尽，恐有异变"，"吾日夜望死，忧见宗祏之隕"。19世纪末的中国，到处是帝国末日的悲哀。各国在华肆意开埠，建设工厂，修筑铁路。机器生产的各类产品充斥国内，并将国内的手工产品挤出市场，不少手工作坊纷纷倒闭。国内仅有的新型工厂多数是外国资本在通商口岸所兴办的印刷、船坞、船舶修理等企业。出口贸易几乎被外商控制，玻璃、火柴、肥皂等日常用品也需从国外进口。而清廷积弊已久，传教士建设的西式学堂达800所，学生约2万人，为当时的各项"洋务"的开展提供了条件，反观清廷，却无一个可以力挽狂澜之人。1864年5月，曾国藩的得力助手、江西巡抚李鸿章在奏折中说："中国欲自强，则莫如学习外国利器，欲学习外国利器，则莫如觅制器之器"，"机器制造一事，为今御侮之资，自强之本。"此议成为不久之后大兴"洋务运动"的理论依据。一时间，江南制造总局、福州船政局、大生纱厂等一大批学习西方先进技术的工业企业建立，"洋务运动"继承了魏源"师夷长技以制夷"的思想，提出了"自强""求富"的主张，进而建立起来的民族企业如磅礴的春水，顺势而行，遇阻则弯，迅速滋润着久旱待雨的各行各业。长期依赖国外进口、民众生活的必需品——玻璃也成为学习西方生产技术、管理制度的重要行业。

起 步 艰 难

在我国玻璃工业发展历程中，周学熙并非学习西方并与之合作的第一人。据考证，我国玻璃生产已历 3000 余年。博山可谓正宗所在，明清时期已经是玻璃生产中心。但传统玻璃多用于装饰、把玩、陈设，实用性不强。光绪三十年（1904 年）山东巡抚衙门批复了山东农工商局的呈文，准予在山东博山创办"博山玻璃公司"，生产平板玻璃，并拨 5 万两库银作为官股。此事在当时影响很大，1934 年国民政府编纂的《中国实业志》将其誉为"新法制造玻璃之嚆矢"。博山玻璃公司最初的厂房、设备皆由德国提供设计方案。配方、工艺技术等由德国人传授，并聘来 7 名德籍技师。耐火材料、厂房的钢梁及电动粉碎机等设备亦由德国购进。清代王渔洋的《香祖笔记》记载，博山玻璃公司的生产手法与后来的耀华玻璃厂的纯机械化生产是不同的，但在工艺上已有较大改进，比如该公司以煤气发生炉产生煤气作为原料，熔料则是用池炉，粉碎原料是用电动粉碎机，玻璃配方中采用纯碱，这在我国的玻璃生产中是前所未有的。

据 1937 年的《续修博山县志》记载，博山玻璃公司的产品"尚属不劣"，但在 20 世纪 20 年代的有关资料上却说"其制品大反所料，不甚良好，实经营不善所致"。博山玻璃公司投产不久，不知为何，所聘的 7 名德籍技师借故离去。公司无法继续生产，乃改聘日本东京深川玻璃厂和大阪岛田玻璃厂的两名日籍技师，采用日本的技术全面改造窑炉。在 20 世纪最初曾名噪一时的博山玻璃公司，投产后勉力支撑了 4 年多，花费了 100 万两白银，终因种种原因于清宣统二年（1910 年）停产，因所欠大清银行款项无力偿还，遂于1911年彻底倒闭，公司一切资产收归官有。

几乎与博山玻璃公司的建设同时，光绪二十八年（1902年）耀徐玻璃公司经理许鼎森发现江苏宿迁附近有大量的玻璃原料，遂将整座矿山买下。光绪三十一年（1905年），许与英商福斯特签订合同，筹建耀徐玻璃公司。公司投产不久，因在执行合同上与英方发生争执，英商福斯特竟于夜间"私将机器拆去，并带洋匠回沪"。后经英国领事馆调解，中方让步，福斯特才答应将机器送回。英国领事馆的调解结果是："福斯特君所有照合同未能完善之处，愿将后备大罐机两部及包工剩余物料一并奉送耀徐，不另索价。所有耀徐欠福斯特君余款，一并付清，作为了结。"

据1910年5月《京外近事汇录》记载："北京玻璃公司订德商瑞生洋行机器，共计买价十八万金，原定合同分四次分交。前月，忽由德公使行咨外部，要求玻璃公司于三日内一次性将款交齐，否则责令工商部偿还。农工商部接到转咨后，即传该公司总理蒋唐祐到部，勒令即刻缴款。蒋执合同申辩，某司长大怒，将蒋送交外城总厅压迫，并咨请民政部将玻璃公司封闭，以其机器物料折价偿还瑞生洋行。该公司已于五月初二开股东大会，筹商相当对待之法。"

据经济学家汪敬虞在《中国近代工业史资料》中记载："镇江玻璃厂最初因黄河河床原料取之不竭，而前途颇觉乐观，但接着在筹备经营上落入沉疴。最初聘来外籍技师，买了些不合用的机器，等到资本耗蚀大半，才通过奥国领事馆从波西米亚聘来一位真正技师，带着三个监工，适用的机器亦购到。这种情况下，玻璃厂做出质量优、好销售的器皿，但市场未开拓，经理人也没有对货物登出广告，且运费之重，竟致不能和廉价的日本货竞争。玻璃厂终于在1909年关闭，外籍技工纷纷控索欠款。"

史实证明，在民族资本与国外资本的合作过程中，单纯依赖外国是行不通的。中方必须掌握核心技术，培育技术人才，开拓市场，建立现代企业制度与对公司资本与生产的绝对领导。

耀华崛起

1921年，曾任北洋政府财政总长的民族实业家周学熙了解到，一种机器制造平板玻璃的新技术（即"弗克法"生产技术）已在国外推广。如此法在中国运用，不但可以打破国内市场所需平板玻璃需从日本进口的局面，还可获丰厚的利润。遂决定利用开滦煤矿多年积累的利润在土地费用低廉、煤炭供应近、水路交通便利的秦皇岛开设工厂。为了不重蹈覆辙，最大限度地保障民族资本权益，1921年5月11日，中比双方签订《饶明与秦皇岛玻璃公司合同》明确了中方权益，即比方将"弗克法"生产技术全部转交中方，比方不得直接或间接将此技术售予第三方。中方公司是唯一有权利在中国（包含租界）利用此技术建立工厂的企业。中方人员可以派遣人员赴比学习，比方有义务派遣熟练工人、工程师，并将所有技术改良方法告知中方。同时在《华洋合股合同》规定，比方将制造玻璃专利权完全为中方所有，并各种利益、各种义务、各种契约等项完全移让予耀华名下。玻璃公司董事会由7人组成，其中中方4人，比方1人，并由董事会选总董、协董各1人。总董选举华人，协董选洋人。总董对于中国国家暨一般社会凡关于本公司营业范围以外各事（即不关系本公司卖货及出品之事）均有特别处理之权。

　　工厂于 1922 年春动工兴建，1924 年 9 月 1 号窑建成投产。聘请比人奥利弗古柏为总工程师，技术人员亦大多聘用比人。生产工人一部分为赴比实习归来的实习工，一部分为比国雇佣的 20 名熟练技工。工厂投产后，生产玻璃 16 万标箱，超过设计能力 1 万标箱，产品畅销全国，并远销日本、美国及东南亚地区。1933 年 2 号窑投产后，年产量达到 26.6 万标箱，成为远东玻璃骄子。这种以购买专利的方式引进外资和先进技术的方式，在当时还不多见，算得上是周学熙的另一项创举。首先，与其他各国相比，中方买得"弗克法"专利权的价钱并不高，而自建厂起至 1936 年，盈利远远超过所付专利款项。其次，耀华购买该专利后，比方不得再售予任何其他国家或个人在华建厂，耀华则有权在中国任何地方另建新厂。这种买断专利权的做法对耀华的发展和中国玻璃工业的前途起到了决定性作用。晚年的周学熙在《自叙年谱》中自豪地写道："余以为此乃华北利权，既具财源，应用之提倡华北实业，以裕地方而富民生。今更筹办制造玻璃厂于秦王岛，成立公司，名曰耀华，由滦矿、开平各拨款附入，作为股本，其营业亦由开滦局代为经理。"

　　利用国外资本，借鉴先进技术，兴办有益于国计民生的工业。这些另辟蹊径的尝试如今已成为寻常手段，但是当时的探索可谓惊心动魄，最终也被证明是很有必要的，近代实业家的开拓精神仍然激励、感染着现代企业家。

秦皇岛市玻璃博物馆与工业遗产保护

杨　欢　陈厉辞

在城市建设发展过程中，工业遗产与其他文化遗产一起，成为现代城市文化特质和文化根源的重要表现。工业遗产对于保持城市的勃勃生机、维护城市的历史风貌有着特殊意义。

1921 年，我国著名实业家周学熙与比利时乌德米财团共同出资，在秦皇岛创建了我国首家机器法连续生产平板玻璃的企业——耀华机器制造玻璃股份有限公司，不仅开创了亚洲玻璃工业的先河，打破了国外玻璃在我国的垄断地位，也为秦皇岛"玻璃之城"的称号奠定了基础。其玻璃产品远销海外二十几个国家，产量曾达到我国玻璃使用量的 2/3。几十年的发展过程中，随着业务面的扩展，厂房面积不断扩大，其中较为出名的是 1933 年 2 号窑的建设与"一五计划"时期扩建的厂房。20 世纪末，耀华玻璃厂的发展到达顶峰，成为拥有玻璃纤维、玻璃管、钢化玻璃、防弹玻璃、镀膜玻璃等众多分厂的综合性玻璃生产企业，创造了一个又一个业内第一的同时，构建了庞大的工业遗产群落。2001 年，随着城市的发展，耀华玻璃厂东厂区整体"退城进郊"，原有的工业建筑失去其本身的功能，大量旧工业厂房面临被拆毁、遗弃的厄运。为了记录这段历史，保护城市文脉，在秦皇岛市委、市政府大力支持下，玻璃厂一些有价值的历史建筑被保留下来，成为研究中国近现代工业历史的重要佐证。

这些历史建筑包括：

1. 电灯房：民族资本家周学熙与比利时乌德米财团共同出资建设，于 1923 年建成，是耀华厂重要的配套服务设施。原建筑共两层，总面积 2822 平方米，高 13.6 米，为法国哥特式建筑风格，曾为耀华玻璃厂生产、生活提供电力保障。之后为办公用房、浴池，经多次修缮，建筑保存完好。2008 年，秦皇岛市政府对其进行整体修缮加固，并作为玻璃博物馆主展厅。

2. 水塔：于 1923 年建成，砖石砌筑，原塔高度为 16.7 米，占地面积 42.5 平方米，储水容量 95.69 立方米。1977 年，对塔身进行了加固、提升，提高后高度为 23.15 米。

3. 水泵房：于 1923 年建成，是水塔的配套设施，由比利时设计师设计，欧式风格，总占地 260 平方米，其中控制室为单层圆形结构，占地 61.34 平方米；蓄水池为长方体结构，下有深水井，四季有水。

秦皇岛市玻璃博物馆是依托近百年耀华玻璃厂部分遗址建设的。遗址建筑本身即为可观赏景观与博物馆内部展览一脉相承，互为衬托，园区内设有相应的导览系统，向游客详细介绍建筑功能、历史沿袭。

2001 年，耀华玻璃厂"退城进郊"工程启动；2004 年，耀华遗址成为市级文物保护单位，秦皇岛市玻璃博物馆的建馆议案通过。2008 年，被公布为河北省第五批文物保护单位。同年 1 月，在市政府的组织谋划下，秦皇岛市玻璃博物馆展览大纲专家咨询会议召开，玻璃博物馆建设拉开序幕。

此次专家咨询会议的与会人员包括相关部门领导，玻璃、博物馆行业专家，文化界精英。会议取得一系列共识，为玻璃博物馆的筹建工作提供了两方面理论支持：一是指明了博物馆建设的宏观方向，即充分利用工业遗址建筑，建设一座充分展示我国玻璃工业历史及古玻璃文化，有秦皇岛地方特色的我国第一家国有玻璃博物馆；二是明确了工业遗址的使用范围，即遗址园区与博物馆展厅的使用面积与遗址建筑"修旧如旧"的基本原则。

2008 年 10 月，玻璃博物馆破土动工，3 个月后，主体建筑修缮及园区整治工程完成。2012 年 8 月 6 日，在筹建四年之后，秦皇岛市玻璃博物馆正式开馆。

建成的博物馆总投资 3150 万元，占地 11.28 亩，建筑面积 2822 平方米，主展厅 1500 平方米，展线长度 333 延长米，上展展品 1022 件（套）。展览以"天地凝光"为主题，分列"古代玻璃及发展""中国玻璃工业摇篮""中国当代玻璃工业""璀璨神奇的玻璃艺术"四个展区。开馆之后广受各界好评，收到了良好的社会效益。

纵观玻璃博物馆的整个筹建过程，笔者的体会是，对工业遗址进行有效的保护，应把握好以下几个方面：

（一）同城市开发竞速争时，及早谋划开发利用

由于新技术的采用和社会生活方式的转变，传统工业遭遇工业衰退和逆工业化过程；而城市建设进入高速发展时期，一些尚

未被界定为文物、未受到重视的工业建筑物和旧址正从城市里急速消失。将工业遗产列为文保单位，编制保护方案，制定利用措施需提前确定。2008年耀华玻璃厂遗址成为省级文物保护单位，博物馆主体建筑同年开工建设，开馆筹备工作也全面启动，紧凑的安排为工业遗址的保留与修缮、文物展品的征集提供了宝贵时间。实践得出经验，一旦选定保护对象，应尽快进行认定，将重要的工业遗产及时公布为文物保护单位，是工业遗址保护工作的当务之急。工业遗产认定后的一系列保护、开发措施也要紧密跟进。只有认定工作做在先、定得准，遗址开发、保护措施跟得上，有价值的工业遗存才能得到合理的保护、开发和利用。

（二）选择博物馆主题要结合遗址历史背景

工业遗址博物馆的展示主题确定应充分考虑原遗址的使用功能，尽量保存原有的工业信息、历史信息，这样既能丰富博物馆的展陈内容，也延续了工业遗产新的生命。耀华玻璃厂是亚洲第一家弗克法机械制造玻璃企业，在其遗址上建立的玻璃博物馆是对秦皇岛市工业文化与自强不息精神的延续。秦皇岛市玻璃博物馆以人类创造、利用玻璃的历史为主线，将漫长、抽象的玻璃发展史浓缩为四个陈展部分，各部分主题与遗址的历史信息紧密结合，精心挑选的耀华老照片、老设备与品种繁多的玻璃文物在斑驳的近代工业建筑遗址间罗列，这是工业与文化的碰撞，是历史与艺术的交融。

（三）依照遗址公园的方式运营

工业遗址公园是工业遗产保护和再利用的主要形式。工业遗址公园的意义不仅在于保存工业文明，更重要的是通过对场地生态环境及社会价值的重新塑造，传达一种对城市发展及环境保护进行理性思考的价值观，将工业遗产与现代设计观念、当代生活方式相结合，取得社会效益与经济效益的统一，实现工业遗址保护的终极目标。仅靠博物馆来保护工业遗产很有局限，尤其是对秦皇岛这座在中国近现代工业史上均留下重彩华章的城市而言，因为工业遗产大多以厂区、厂房及大型机械设备的形式而存在，博物馆的现有功能很难对其实现完全的保护，且也很难让它与当代生活发生关联。遗址公园既保护了遗产本体，又保护了遗址的空间环境，是对遗址充分利用的最好方式。博物馆的作用是凭吊历史，公园则可实现人们在休闲游玩中触摸历史。让工业遗产成为"活态"，继续发挥功用，进而产生社会和经济价值，工业遗址公园是我市工业遗产保护方式的优先选择。

（四）从群众的需求出发，紧跟时代发展步伐

秦皇岛的暑期是外地游客来秦旅游的高峰期，也是玻璃博物馆接待参观者最繁忙的时期。最能吸引游客的，除了精彩的展示，就是到博物馆商店买个纪念品带回家，或是到咖啡厅一边观看遗址园区美景，一边品味博物馆文化。因此博物馆在加强展示的趣味性、直观性、互动性的同时，还应增强餐厅、商店、休闲区、娱乐互动区等服务设施的建设，以增进博物馆与群众的互动性。便民利民，服务社会，惠及民生的服务内容，会让参观者在博物馆得到更多的体验，留下更多的美好回忆。

耀华那十年

陈厉辞

　　这是一个不平凡的年代，尽管任何一段历史都有其不可替代的独特性，但 1978～1988 年的中国经济尤为突出。1988 年，是改革开放的第十个年头。2013 年，纪念城市玻璃工业历史的博物馆已在耀华旧址落成，百年历史的斑驳墙体总让观者唏嘘不已。

　　一位耀华玻璃厂的老厂长曾说："过去的 30 年，社会变化差异之大总让人有种恍若隔世的感觉，很多事情在如今看来是如此的不可思议。80 年代，到民营工厂上班是一件很丢脸的事情，自己做些生意会被蔑称为'个体户'，就是没有组织的人，不受体制保护的流浪汉。30 年前的耀华玻璃厂几乎就具备了一切的社会功能。对于普通家庭来说，它更像是共同的家。市场经济的萌芽就像一场预料之中的意外，当市场的闸门被小心翼翼打开，自由的水流就渗透进来，随风而行，遇石则弯，任何政策方略必依照它前行的规律，它是建设与破坏的集大成者。"

　　他的话中散发着清醒、无奈、留恋与决然。我想这是一个好的借鉴，因为历史应该是具体的、可以触摸的、可以被感知的，它充满了血肉、运动与偶然。不应用冰冷的数字湮没那个年代人们在历史创造中的激情、迷惑、呐喊与喜悦。

春天的故事

1978年5月11日，《光明日报》刊登了一篇题为《实践是检验真理的唯一标准》的评论员文章，第二天《人民日报》全文转载。此文一出即引起广泛注意，它预示着国家政策有了松动。5月19日，邓小平谈及此文，认为文章是符合马克思主义、列宁主义的，并号召"打破精神枷锁，使我们的思想来一个大解放"。

"文革"开始不久，耀华厂党的组织和行政指挥系统瘫痪，职代会制度中断，各项工艺制度废弃。厂内一切权利归"厂革命委员会"，实行"一元化"领导，并在职工待遇上，按上级取消奖金制度的指示精神，取消了评奖等级差额。1968年，大批技术干部下放劳动，技术管理无人过问，生产上出现的问题得不到及时解决。1970年发生了原料中混掺蜡石事故，1971年，仅2号窑发生79起掉炉事故，损失玻璃3.16万标准箱。1972年、1973年开展"工业学大庆"运动，一些工艺得到恢复，技术管理有所加强，但1974年"批林批孔"批"唯生产力论"，技术管理再次受到冲击。其实，这并非耀华一家企业的症结，几乎是所有国有企业的通病。

科技是第一生产力

在1978年召开的中国人民政治协商会议上，邓小平当选政协主席。随后其主持召开的全国科学大会，提出"科学技术是第一生产力""知识分子是工人阶级的一部分"等论断，举国为之一振，所有人仿佛都听到了时代巨轮转变航向的轰鸣声。随后，省、市也相继召开了科技工作会议。根据会议要求，耀华厂编制了一份 1978 ～ 1985 年科学技术发展规划，其中包括了 40 项科学技术研究项目。同年，国家建材工业局印发了《平板玻璃工艺管理规程》。依据《规程》，耀华厂从各个生产环节拟定工艺指标，并建立了从厂部车间到班组的检查制度。对技术研发的重视，使耀华得到长久的收效。1978 ～ 1988 年间，耀华研制的 56 式玻璃钢枪托、79 式冲锋枪、运 -8 飞机热弯钢化玻璃等 20 多款新产品获省与国家的褒奖。

龙门陡开，天高海阔。数万人的工厂里怎么可能没有有志之士。一时间技术人才、劳动模范大量涌现。由于玻璃切割面锐利，被划伤的伤口外掀，不易愈合，切片车间曾被戏称"刀锋车间"，一名叫孙守明的切片车间工人，改进操作方法，改叠片切裁为单片切裁，并在全车间推广，明显地减少了玻璃的划伤，提高了切裁质量。工程师谭祖舜，研制铣洗机、钉装机等机械，有效地减轻了工人劳动强度，提高了工作效率。玻璃熔窑热修被公认是一件艰苦而又重要的工作，维修周期、效果直接关系到玻璃产量与质量。工人穿戴厚重并高频率轮班以避免在高温熔窑中烫伤。曾任一熔车间班长的张立成，积极研究改进熔窑热修方法和熔窑保温措施，延长了熔窑使用周期，降低了能源的消耗。

恢复奖励制度

1978 年 10 月，耀华厂贯彻中共中央下发的《关于加快工业发展若干问题的决议》（工业三十三条），制定了"党委领导下的厂长分工负责制"，随即取消了"革命委员会"制，由上级任命了厂长、副厂长等行政责任人，实行党委领导下的厂长分工负责制。按制度规定，企业长远规划、年度生产技术财务计划和基建计划，新建扩建大型技安措、科研、集体福利措施等方案，重大事故处理等问题，均提请党委讨论决定，由厂长、副厂长按各自分工责任组织实施。

同年7月，耀华厂恢复奖励制度。其实，在1972年"文革"期间，耀华在玻璃原片大量积压的情况下，厂革委会在切片车间曾实行超额奖励，使工人出勤率与劳动效率普遍升高，产品积压的情况迅速得到好转。到1974年，"批林批孔"与"反资本主义回潮"运动中，这一奖励办法受到严厉批判，被认为是资本主义回潮的典型而停止执行，生产很快又出现原片积压的局面。1978年，经济学家吴敬琏发表长篇论文《建立和改进企业基金提成制度》，他认为利润考核和提成制度是符合社会主义经济特征的，不是"资本主义的利润挂帅"。邓小平肯定了这样的提法，并提出了新的理论："让一部分人先富起来。"

耀华的奖金制度在1979年恢复并加强，鼓励多超，实行重罚。推行全面质量管理，将岗位标准也纳入到考核中去，不仅考核生产指标、经济指标，并且考核工作质量。工作责任明确，厂工双方权益得到保障，这一奖一罚，似乎平常无奇，却不难看出内在的某种抉择：摆脱意识形态的纠缠，以经济发展为主轴。

扩大企业自主权

文章妙笔，会议国策。1979年7月，一篇名为《抓老厂改造促优质高产》，署名为河北省秦皇岛耀华玻璃厂的文章受到国务院重视，被列为全国工业交通增产节约工作会议典型材料。文章提及"科研走在前""岗位责任制""明确工作质量、标准""质量检查制度""制定奖惩措施"等内容。一个国有行业巨擘在改革开放初期，乍暖还寒时候，提出这样的看法确是一个大胆的创意之举。

画龙不点睛，一点走雷霆。1979年7月召开的全国工业交通增产节约工作会主题是"扩大企业自主权"，此时未必是三十年企业变革中最关键的时刻，但在传统计划经济体制上打开了一个极为重要的缺口，后被誉为"一块石子入池塘"。随后，新华社发表文章《扩大企业自主权不会影响国家财政收入》。文章提出"实践证明，必要的自主权和经济利益，对加强企业管理，提高经济效果，有很好的作用"。同年，耀华被列入扩大企业自主权的试点单位。实行利润留成制，规定利润的89.82%上交国家，10.18%留给企业。厂部执行经济责任制，按年、季、月把国家的利润指标逐级分解到车间、班组、机台和个人。

江河始解，冰雪方融，在"真理标准大讨论"的思想热潮之后，1978年10月22日，邓小平出访日本。此次访问中，走访日本公司是他出行的重要事项之一。《中日和平友好条约》的签订和生效，使两国的友好合作可以更加广阔地在多方面进行下去。

继邓小平出访后，各个行业掀起与国外"技术合作"的高潮。1979年1月，日本株式会社一行7人受建筑材料工业部邀请，到耀华厂商谈有关引进"旭法"技术事宜。同年12月8日，正式签订了引进"旭法"技术合同。第二年，旭法生产线投产，产品质量明显提升，当年生产的特选品29.2万标准箱，相当于新中国成立以来所产特选品的23.8倍。同年，产品质量在全国同行业评比中连续四次获得第一名。与引进"旭法"工艺的成功案例类似，这种学习先进国家和引进技术的做法得到政府、企业、公众的广泛肯定，并迅速推广开来。

铭记是为了创造

领导责任制度与经济责任制度的恢复与奖励制度的重建，极大地激发了企业与工人的积极性。到 1988 年，职工平均收入 2138 元，比 1980 年提高了两倍多。

过往已为陈迹，铭记是为了创造。在过去的很多年里，没有在竞争中成长起来的国有企业，无一不受市场、体制、变革的困扰。在这个意义上，产权制度的畸形和体制的落后，正是一种让人担忧的事实。在通往未来的道路上，这个正在生成中的崭新的世界，一定还藏着我们尚未知晓的答案。多年以后，我们回顾历史，仍然要承认那真是一个好的时代。因为，它在不断变革，不断创新，不断发展。

一件与耀华玻璃公司创建有关的珍贵信函

张丽敏

    1921 年，有着"南张北周"之称的民族实业家周学熙与比利时乌得米财团合作，在秦皇岛开办了远东第一家机械法生产玻璃的企业——耀华玻璃公司，开启了我国民族玻璃工业的创业之路。本文以当时驻比利时使馆领事许熊章写给北洋政府农商部的一封信，来还原耀华玻璃公司的创建历史，详述我国民族玻璃工业发展的最初契机。

    信函为纸质，长 27 厘米，宽 16 厘米，原有 11 页，其中第 7 页缺失，现存 10 页，保存完好，因年代较久，纸面略泛黄。正文用小楷书写在"中华民国驻昂维斯领馆"专用信笺上，字迹清晰工整。

    "昂维斯"，今译作安特卫普，是比利时的最大港口和重要工业城市。由档案记载可知，此函由"中华民国驻昂维斯领馆"寄往北洋政府农商部，现存放于耀华玻璃厂档案室。其上未标明年代，据耀华厂志记载，文中所称的"秦皇岛玻璃公司"名称存在时间为"1920 ~ 1921 年 12 月"，且信函有"是厂总办已于本年

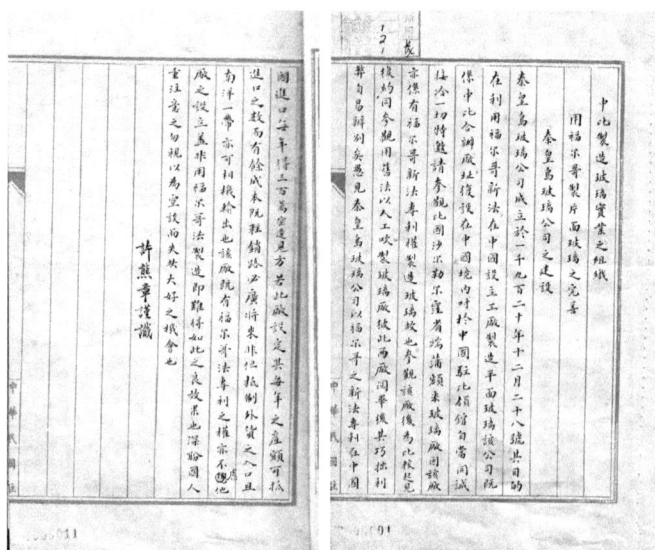

正月初一离欧至秦皇岛，与开平煤矿总理议决进行方针"句，据相关资料显示，该"总办"即为饶明[1]，其与中方代表签署《合股应商文件》的日期为"1921年正月十一日"。结合上述两因素，推测信函写作时间为1921年2～12月间。

1903年，比利时人埃米尔·弗克发明了机器连续制造平板玻璃技术——"弗克法"（有槽垂直引上法）。此法生产的平板玻璃产品质优量丰，很快替代了传统玻璃生产手段，并占领市场。1914年，以此法生产玻璃的工厂在比利时建成。1920年，比利时乌得米财团取得"弗克法"在中国制造玻璃的专利权，在布鲁塞尔成立秦皇岛玻璃公司，计划在秦皇岛建厂。但在具体实施过程中碰到了许多困难，因此欲转让该专利权。中国驻比利时使馆领事许熊章悉知此事，遂致信时任农商部总长的周学熙，希望我国能利用此技术，建立自己的民族玻璃工业，打破国外对我国玻

璃行业的垄断。之后，由中方开平矿务局与比方乌得米财团合作
创建秦皇岛玻璃公司之事达成共识，并很快进入具体协商实施阶
段。身为当时驻比利时领事的许熊章，在实地考察的基础上，深
入了解了新旧两种玻璃制造方法的优劣，深感新方法将为我国玻
璃生产带来巨大利益，因此写成此信，函寄农商部，期望进一步
促进中比合资秦皇岛玻璃公司的建设进程。

信函标题为"中比制造玻璃实业之组织用福尔哥制片面玻璃
之完善秦皇岛玻璃公司之建设"，占3行。

正文如下：

秦皇岛玻璃公司成立于一千九百二十年十二月二十八号，其
目的在利用福尔哥新法在中国设立工厂，制造平面玻璃。该公司
既系中比合办，厂址复设在中国境内，对于中国驻比领馆自当开
诚接洽一切，特邀请参观比国沙尔勒尔洼省端蒲额米玻璃厂。因
该厂亦系有福尔哥新法专利权制造玻璃故也。参观该厂后，为比
较起见，复约同参观用旧法以人工吹制玻璃厂。彼此两厂阅毕后，
其巧拙利弊自易辨别矣。愚见：秦皇岛玻璃公司以福尔哥之新法
专利在中国制造玻璃供给吾国之需，每年大宗输入不必仰给于外
来，且中国人工便宜，煤价较低，成本既轻，运输上之损失亦较少，
且可希望将来输出亚洲、南洋他国也。兹特将比国端蒲额米历来
研究所得，以致发明福尔哥之新法历史略列于左：

旧法制造玻璃

曩者制玻璃之旧方法，以一人持一空心铁杆，其杆之一头处
取已熔之原料。该物既热且带凝性，与铁杆易于粘合，其熔质粘
于杆上既夥，则执而吹之，同时动摇烘烤，始成长圆管形。脱去

铁杆后，由纵面而分裂之，复运送至炉中烘热，再用木具压之使平，而后截切，方得平坦面玻璃焉。是法慢而且难工，价昂贵，随吹工手艺之巧拙而分出产之优劣。厂中空气炎热，呼吸不便，兼之吹气袁肺，颇伤身体，玻璃匠因此促短寿命，其工价之贵良有以也。六十年前，经蔚黎炎门克纳尔科创用机械以代人工之议，使铁杆提玻璃熔质，由下而上伸长玻璃之原料，直成片形，无须用炉烘平，其成价既称便宜，而工人亦免丧身之患，较之旧法，不啻天渊之比。惟其理固佳，实验尚欠完备，所以片升愈高，而其下方则愈狭，渐缩成三角形。试验再三，仍未得良善之能决。嗣后改用机力由上而下令玻璃片从一缝中露出，宽狭自与缝形相等，前病遂疗，颇为幸事。奈当玻璃质下降时下重上轻，厚薄不一，常至半途破裂，当设法用机器接托，以减其下降之重力。然所造就之玻璃不透光明，难堪适用。仟八百八十六年至仟九百零二年之中，卜斯百尔昂而艾氏与跂鲁西慕氏用机力横拖玻璃，虽前项弊病可免，然玻璃片成后须平置之时与机器彼此接触，亦易使玻璃受不良之损失。

阿扶蛮，比国之技师也，欲从根本上解决前项之困难问题。仍用机提原质由下而上之法，伸成圆管，查首次中之病端，系宽边渐减缩障碍进行故乏，结果欲令成管形，而实际上必得一三角形，后利用空气冷度力，以预防其减缩，则管形成而无减缩厚薄之弊。斯法为美人所采用后复加以改良，方法日新月异，随时进步，数年来伸吹机之效果遂得由此发明焉。

解决法之完美

哀媚楼福尔哥氏，比国之名誉矿师，曩充玻璃社会会长，现任端蒲额米厂总办，已觅得一改良方法。其创意之人虽系哀媚楼哥伯氏，徐麦玻璃厂之技师，然关于实验上之所得则全赖福尔哥之力。其所用之机器亦甚减单，一标浮器，又名发源器，上边挖空兼钻一长缝，缝门在原料平线之下，玻璃片由缝中出，其凝结力已厚，然后下铁丝网与玻璃质相接，再用机力将网上提，于是玻璃之熔质亦次第上升，在发源器之上热度亦渐低，故玻璃愈高，则其熔质已坚固，不受他质之渗入或变形之弊。福尔哥曾在端蒲额米厂中建一小炉，其面积仅十八平方密达，等于平常玻璃厂中所用之炉五分之一，伊牺牲十五年之研究，由一而建二，由二而建三，实验二年后，其出产已近三万平方密达。而其所造之玻璃与人工所制无异，但以成价而论，较之旧法则便宜百分之四十矣。按端蒲额米厂每架机可月出二万三千二十方密特，其厚薄约 0.002 均匀。

玻璃价值及其新旧法中弊病之大观

制造玻璃，在旧法中所宜预防者有数种：一炭灰，玻璃质在炉内外四壁熔化时，若他熔化汁遇之则易生泡；二玻璃复烘烧时，亚鲁加利漂浮面积间易于粘染斯质；三当平舒成片之际时存留痕迹。以上各种问题在福尔哥法内须无障碍。是以福尔哥法用则其出产不失玻璃之纯质，而其双面之光华精彩毫无损碍。惟关于完全免去暗痕一节，现端蒲额米厂中正在研究改良之法，纵不能达到全美目的，必有减轻之希望。福尔哥……

（此处缺一页）

……原料皆完全熔解，故端蒲额米厂中所得玻璃汁在百分之内可以利用七十分，而旧法则仅能用五十五分矣。人工一节尤为单减，曩者制造玻璃应用人之名目如左下：首次吹工、二次吹工、收除玻璃丝者、护送玻璃筒之妇女、割裂玻璃筒者及其帮助、平舒玻璃者、提石夫、开栅儿、护炉夫，三班计算，其数应在二百八十五人以上。今端蒲额米厂用六十八人，分成四班足矣。若仅以三班计，则用五十一人绰绰有裕。而其所用之工人，除专门工头外，可以随便雇佣，因其余工人纵用毫无经验于玻璃工厂者，亦能作工，无碍制造，故工价廉，而工人亦易得。该厂玻璃成价较便宜他处百分之四十者，有由来也。

利用福尔哥法之扩张

自千九百零四年，福尔哥法已见用于比国公司，其宗旨欲令斯法普及世界。推广势力不料欧战发生，前项计画遂成画饼。近值欧洲和平恢复后，在捷哥司诺发几国中已建二厂，一在阿斯多米司，二在勃来斯打。至于他处之建造，尚未完工者甚多，如在英境内之昆薄那须，在法之举塞为西，在和兰之马斯路易，在希腊之彼矮，在日本之河马加沙，几皆用福尔哥之法制造。现德人亦利用是法，于本年间已起首建立同样玻璃厂。迩来比人提议在中国组织秦皇岛玻璃厂，皆欲减少运输之损失，以得本轻利厚之意。查比国所制之玻璃世界驰名，今该公司派其有成绩技师往吾国经营，正盼吾国实业家之扶助，早日成立，则获利可以预期。且该厂购有用福尔哥法在中国有专利制造之权，兼有开平煤矿公司燃料之供给，厂地设在秦皇岛，其资本总数为八百万佛朗，每股五百佛朗，华、比人认购股份各半。是厂总办已于本年正月初一离欧，至秦皇岛与开平煤矿总理议决进行方针。厂中伸机八架，预算十个月中应出一百五十万平方密达窗户玻璃。是厂与煤气抗火物质及将来之铁厂毗连，每年应获之利益约在十六万五仟英镑，即一本一利之谓也。观其预算案之明决，其机械之精美，及其用人行政筹画精良，可谓尽善尽美矣。查中国海关玻璃由外国进口，每年得三百万密达见方，若此厂设定，其每年之产额可抵进口之数而有余。成本既轻，销路必广，将来非但抵制外货之入口，且南洋一带亦可相机输出也。该厂既有福尔哥法专利之权，亦不虑他厂之设立。盖非用福尔哥法制造，即难得如此之良效果也。深盼国人重注意之，勿视以为空谈而失此大好之机会也。

许熊章谨识

20 世纪 20 年代，玻璃已在中国广泛使用，但国内玻璃工业几乎一片空白。由于玻璃需求量很大，但基本靠进口，有着"近代民族工业之父"之称的周学熙等人准备筹建玻璃公司。开滦矿务局总理、英人那森[2]对弗克玻璃制造法十分认同，认为如能在中国应用，定能谋得厚利，提出开滦应利用此技术生产经营玻璃。身为滦州矿务公司董事长的周学熙及滦矿诸多董事建议另行组建新公司，独立生产经营，并将未来公司取名"耀华"，由滦矿、开平各拨款附入，作为股本，其经营亦由开滦局代为经理。而准备在中国建厂生产玻璃的比利时秦皇岛玻璃公司在具体实施计划过程中遇到种种困难，欲把他们取得的在中国使用弗克法制造玻璃的专利权转让。因此双方一拍即合，并很快进入具体实施阶段。

许熊章，字渭滨，湖北武昌人。1903 年官派比利时留学，回国后任国民政府外交部通商司司长，1920 年 4 月出任驻比利时昂维斯（安特卫普）领事，1921 年 9 月去职。中比合作办玻璃公司之事，得益于他的大力支持和积极运作。在双方已达成合作意向后，他再次发函强调利用新法制造玻璃的巨大利益，及对中国民族工业发展的积极意义。

在此信函中，许熊章首先肯定了在国内设立玻璃工厂的优势，一可抵进口，二人工便宜，三煤价较低，四运输损失少，五市场广阔，可解决国内玻璃供不应求、全赖进口的局面，使"在中国制造玻璃供给吾国之需，每年大宗输入不必仰给于外来"。在实地考察的基础上，许熊章详细介绍了新旧两种玻璃生产工艺的具体操作方法，使其优劣高下立见。传统工艺"慢而且难工，价昂贵，随吹工手艺之巧拙而分出产之优劣。厂中空气炎热，呼吸不便，兼之吹气丧肺，颇伤身体，玻璃匠因此促短寿命，其工价之贵良有以也"。新工艺则优势巨大：一是价格便宜，产量大，质量优——"但以成价而论，较之旧法则便宜百分之四十矣。按端蒲额米厂每架机可月出二万三千二十方密特，其厚薄约 0.002 均匀"，福尔哥法"原料皆完全熔解，故端蒲额米厂中所得玻璃汁在百分之内可以利用七十分，而旧法则仅能用五十五分矣"；二是节省人工，利润丰厚——"若仅以三班计，则用五十一人绰绰有裕。而其所用之工人，除专门工头外，可以随便雇佣，因其余工人纵用毫无经验于玻璃工厂者，亦能作工，无碍制造，故工价廉，而工人亦易得。该厂玻璃成价较便宜他处百分之四十者，有由来也。"

信之末立足全球，详细介绍了福尔哥法在世界各国的推广，并从谋求民族工业发展的立场，为我国民族玻璃工业的发展指明了方向："该厂购有用福尔哥法在中国有专利制造之权，兼有开平煤矿公司燃料之供给，……每年应获之利益约在十六万五仟英

镑，即一本一利之谓也。""查中国海关玻璃由外国进口，每年得
三百万密达见方，若此厂设定，其每年之产额可抵进口之数而有
余。成本既轻，销路必广，将来非但抵制外货之入口，且南洋一
带亦可相机输出也。""深盼国人重注意之，勿视以为空谈而失此
大好之机会也。"

　　许熊章的这封来信对我国引进"弗克法"玻璃生产技术，成立
中比合资"耀华机器制造玻璃股份有限公司"，乃至对整个民族玻
璃工业的发展，有着极大的促进作用。1921 年 12 月 22 日，中方以
李伯芝 [3] 等为代表，比方以秦皇岛玻璃公司毛立司·罗遮 [4] 为代
表，签订《华洋合股合同》，议定在秦皇岛建厂，在天津设公司，将
公司定名为"耀华机器制造玻璃股份有限公司"，资本各占 50%，共
12000 股。工厂于 1922 年春动工兴建，1924 年 9 月，1 号窑建成投
产。投产后，年生产玻璃 16 万标箱，超过设计能力 1 万标箱，产品
畅销全国，并远销日本、美国及东南亚各国。1933 年 2 号窑建成投产，
年产玻璃增至 26.6 万标箱。耀华公司由此成为当时远东玻璃制造业
的骄子。

　　许熊章对比利时乃至欧洲的玻璃工业如此了解，除其驻比利
时领事的身份原因，还因其是我国清政府时期第一批公派比利时
留学的学生。光绪二十九年（1903 年），当时的湖广总督端方得
知比利时实业教育甚为欧洲各国所许，且留学费用较美、德、法
等国略省，毅然主张在当年派 24 人赴比留学。在收入《端忠敏
公奏稿》的光绪二十九年二月《选生赴比学习实业折》中，端方
奏道："查近日西方各国讲求实用教育，以为富强之基，其实业
学校，如工业、商业、农林、路矿，无不精研实验，各有专门。

比利时国在欧洲西部，其教育、工业技术、制造、矿业各有专修学校……故其工艺则机械最精，矿产则煤铁最富……比国实业交精，诚能多派学生前往肄习，他日学成而归，上足以备任用，下足以裕资生，实于大局无不裨益。"许熊章即是其中的一员。临行前，端方以曾国藩语"以刚大作忠义之气，以经思窭制造之术"赠送，勉励学生"尽心研究，克底于成"。众留学生不辱使命，不仅谙熟西洋诸业精髓，而且在学成后皆选择归国报效，在中国近代化的进程中发挥了巨大的推动作用。

---

[1] 德习尔·饶明，比利时沙洛罗洛波银行董事，1920年曾代表乌得米财团（沙洛罗洛波银行为其一部分）与米乞尔（以自己的名义并代表伦敦商业银行董事哈德雷）订立合同，购买弗克法技术在中国应用的专利权。

[2] 瓦尔德·那森，时任开滦矿务局总理，于1923年11月回国。其弟乔治·纳森，后成为耀华机器制造玻璃股份有限公司的总理。

[3] 李士伟（1878—1926），字伯芝，河北邯郸人，1902年留学日本，毕业于早稻田大学。1906年回国，曾任北洋师范学堂监督、山西井陉矿务局总办。1915年任中国银行总裁，1921年任内阁财政总长。1922年3月至1926年12月任耀华玻璃公司总董。

[4] 毛立司·罗遮，工商业工程师，时任秦皇岛玻璃公司董事，曾代饶明与开滦矿务局签署合同，后为耀华玻璃公司驻欧经理处经理。

长城文化

漫谈海港区境内长城

孙志升 吴晓松

海港区与长城的缘分，要从一块石碑说起。

1989年1月，从海港区东山海中打捞出8块石碑残片，经考证为明成化十三年（1477年）所立"秦皇求仙入海处"的石碑残片。秦皇求仙，指的是公元前215年，秦始皇东巡到碣石（今秦皇岛地域），派遣方士入海求仙人不死之药的事情。方士卢生带回了录有"亡秦者胡也"的图书，引发了秦始皇"乃使将军蒙恬发兵三十万人北击胡，略取河南地（今宁夏和内蒙古黄河河套地）"，其后"修筑长城而守藩篱"的举动。可见，海港区就是让秦始皇下决心修筑秦代万里长城的地方。

虽然秦代所筑长城不在秦皇岛境内，但我们在这里还是可以寻觅到古长城的踪迹。在秦皇岛海港区北部的崇山峻岭中，有一道长城遗迹向东逶迤而去，倾颓的碎石仿佛在诉说着历史的沧桑。这段长城的走向、建筑用料和垒砌方式与明代长城迥然不同，其年代似乎更为久远。经过考古证实，这段长城就是南北朝时期北朝所建长城的东段。

长城学界普遍认为，北朝长城的很多地段被明代长城所用，失去了其本来面貌。海港区境内的北朝长城是为数不多的原始遗存，弥足珍贵。

这段长城东起渤海岸边，在山海关区经大刘庄村、范庄村，沿南窑河乡馒头山欢喜岭西来，过燕塞湖（原名石河水库）进入海港区内。经海港区北港镇连峪村向北，过石门寨镇鸭水河村向西再折向西北，过南刁部落，沿石河岸至石门寨镇西北的亮甲山段（此处遗迹已不清晰），继续沿石河西行，在黑峪沟北又重新出现，过河后在张赵庄南向西延伸，到秋子峪北又明显出现，直至车厂西南端才消失，全长约 19.2 公里。在长城经过的鸭水河村南有小河通过山口，河东岸依山筑高台一座，高约 7 米，呈正方形，30 米见方，台周墙宽 4 米，现存高度 1 米。这座高台就是铁阙关遗址，铁阙关又名铁雀关，因该地山上石头呈铁雀色而得名。

公元 550 年，鲜卑化的汉人高洋废东魏孝静帝，即皇帝位，改国号齐，改元天保，后代史学家称之为北齐，也叫高齐。北齐成立后，为了加强对北方柔然、契丹、突厥等游牧民族及邻国西魏（后为北周）的防御，曾多次修筑过长城，据史籍记载的有六次。其中，北齐文宣帝天保七年（556 年）的第四次修筑"自西河总秦戍筑长城，东至于海，前后所筑，东西凡三千余里，率十里一戍，其要害置州镇，凡二十五所"，其东端所指的就是现今海港区、山海关区境内的游离于明长城的入海长城。据顾祖禹《读史方舆纪要》考证，西河指北齐南朔州西河郡（今山西汾阳），总秦戍为鲜卑语军戍名称，位置在今山西大同西北境，海是指今天秦皇岛市山海关区海边。

公元 577 年，北齐为北周所灭，为了抵御北方少数民族突厥的侵扰，北周政权开始派官吏督修长城进行防御。其中，大司徒于翼对秦皇岛境内的北齐长城加以利用并延伸至碣石。据《周书·于翼传》记载："大象初，征拜大司徒。诏翼巡长城，立亭障。西自雁门，东至碣石，创新改旧，咸得其要害云……先是，突厥屡为寇掠，居民失业。翼素有威武，兼明斥候，自是不敢犯塞，百姓安之。"从这段记载可以看出，"西自雁门，东至碣石"的长城，是利用北齐至海长城加以"创新改旧"的，具体来说就是把北齐天保七年所修"至于海"的那一小段改为了"至碣石"（今姜女坟），其间相隔不过 10 多里。由于修缮旧城、垒砌新城，加上良将守卫，情报得力，使得北周对突厥的防御收到了理想的效果。

海港区境内的北朝长城是游牧民族修建的长城之一。北方的游牧民族，打败汉族入主中原后接受了汉族的文化和军事防御理念，证明先进的文化是推动历史向前的重要动力。

公元 1368 年，朱元璋建立了明朝。明朝成立后，为了防止鞑靼、瓦剌及后来的女真等族的威胁，在其 200 多年的统治中，几乎没有停止过修筑长城。明代长城东起鸭绿江畔辽宁虎山，西至祁连山东麓甘肃嘉峪关，途径 10 个省、自治区和直辖市的 156 个县域，总长度 8851.8 公里。其中，在秦皇岛境内的长城东起山海关南海岸边老龙头的入海石城，西至青龙满族自治县杏树岭上的叉楼敌台，全长 500 余里，数量虽不多，但沿线风光雄伟壮丽，建筑精美齐备，文物丰富多彩，堪称明代万里长城的精华。

明代秦皇岛地区修筑长城是从修筑关隘开始的。秦皇岛市文物部门调查发现的长城筑城记事碑所载的年代下限为天启初年，大多为隆庆、万历年间。

在明代中后期的万里长城军事防御体系中，秦皇岛市境内长城（含青龙满族自治县与唐山市迁安县迁西县共管段）隶属蓟镇东路协守所辖的有4路：山海路、石门路、台头路和燕河路。此4路在万历四十六年（1618年）设山海镇后归山海镇统辖。石门路所辖长城大多在今海港区范围内，其中驻操营镇所辖的九门口村、董家口村和板厂峪村以其独具特色的长城景观和文化，被开辟为旅游景区，在当地声名鹊起。

九门口长城距离山海关15公里，全长1704米，包括关城和长城主线墙体，其中九门口关位于海港区驻操营镇九门口村。九门口长城南端与自山海关方向而来的长城相接，沿山脊向北一直延伸到当地的九江河南岸，在宽达百米的九江河上，筑起规模巨大的过河城桥，继续向北延伸至群山之间。九江河上的过河桥独具特色，新筑的外用巨大条石包砌起8个梭形桥墩，形成9个水门，城桥上部是高峻的城墙。据《临榆县志》记载："九门口，东西门各一，其西门额'京东首关'，东门外为边城关，正东向，又折而西南，直抵角山之背，复设正关门六，以泄水。合之凡九门云。"历史上，九门口关城修筑在两山大谷之间，谷中有河，河道旱季干涸，雨季山洪暴涨，为此筑有6个泄水门，加上东西门和边城关门，共有9门，所以被称为九门口。又因九门口长城过河城桥下的宽阔河床全部用方整的大石块铺成，石与石间用铁腰咬合，形成规整的石铺河床，望去犹如一片石，所以又被称为"一片石"。

九门口长城始建于明洪武十四年（1381年），扼守着京奉要道，历来是兵家必争之地。1644年，明末农民起义军领袖李自成与吴三桂所引清兵曾在这里展开著名的"一片石之战"。1922～1924年，直奉两系军阀在此进行拼杀。解放战争时期，人民解放军也曾浴血激战九门河谷。历次战争为九门口长城增添了一抹悲壮的色彩。

在 20 世纪 90 年代初的考古发掘中，九门口长城一带曾出土了铁炮、石炮、青花瓷碗、大缸等大批文物，反映了明代军事防御情况和军士驻守长城的生活。

董家口长城位于海港区北部 25 公里，始建于明代洪武十四年（1381 年），隆庆、万历年间均有增补。此段长城全长 8900 米，现存完好城墙 3000 余米，破损的有 1800 余米，其余部分为险山峻岭，无墙。现存关堡 3 座，分别为董家口、大毛山、破城子，其中董家口、大毛山堡尚存围墙和城门，破城子堡仅存遗址。另有敌台 31 座，其中 19 座完好，12 座破损。

董家口长城是秦皇岛境内明长城原始状态保存最为完好的一段。这里风光秀丽，周边植被覆盖率达到 95% 以上，松、橡、杨、梨、杏等乔木混杂，榛、荆、杜鹃等灌木杂簇，猕猴桃、山葡萄、葛条等藤本植物纵横编织，更有百草丛生、山花烂漫，其间栖息着飞禽走兽，为古老的长城增添了无限生机。

从建筑结构上看，董家口长城体现了明代长城建筑和分布的精妙之处。这里有砖城墙、石城墙、砖石城墙、山险墙等不同类型的长城城墙，有战台、敌台、烽火台、斥堠、要塞、障墙等各种形制的关隘城堡，有圆形、方形、长方形、实心、空心、石砌、砖砌等各种形状和结构的烽火台及墩台。董家口长城建筑依山就势，墙体有高矮、宽狭、陡缓之别，敌台有大小、长短、繁简之分，很多敌楼门楣上可见精美的石雕。

从文物遗存上看，董家口长城上现存的记事碑文和城砖印记中清楚得记载了修建年代、主修官员、施工单位，是珍贵的长城史料。长城上还出土了大量兵器，包括石球、雷石、石炮、铜子母火铳、火药、弹丸、镞、绊马筒、铁蒺藜等，其中的铜子母火铳，为中国兵器史填补了实物空白。

董家口长城上的敌台多以当年戍守将士的姓氏命名。传说这些将士来自浙江义乌，跟随调守蓟镇的抗倭名将戚继光来到这里，其后裔有的至今仍生活在董家口村。

从董家口长城向西南行驶 15 公里，就来到了板厂峪长城。板厂峪山势险峻、奇石林立、洞府幽深、草木繁盛，有长城、长城砖窑群、古塔、古庙、古树、古生物化石和岩洞，堪称旅游佳处。

这里有明代两个时期的长城，早期长城在疆沟砬子山下，向东经山谷，上青龙山后随山北折，再上疆沟砬子山东端，全长 5 公里。这道长城全以毛石砌筑，多为半毁状态，东西两端较为完整。边墙高 4～6 米，墙面上外侧有垛口，内侧可行人走马。边墙上共有敌台 6 座，长、宽、高均在 10 米上下，实心，顶部四周有垛口，垛口下每面设水口两个。长城外侧较平坦地带现存陷马坑，坑一般长约 1.3 米，宽约 0.9 米。

这段长城地处山谷，敌方登高下望，长城防守状况可一览无余，易攻难守，因而明朝政府决定另建长城，这段早期长城便被废弃了。

明代中后期所修长城在疆沟砬子山上，疆沟砬子山是由群峰并列而成的一道大岭，东西长约 4.5 公里，悬崖高耸，柱石林立，长城纵横其间，给人以绝险绝美的感受。因此，摄影界将板厂峪长城与金山岭长城、司马台长城、箭扣长城并称最壮美的四大长城景观。这段长城上共有21座敌台，多为方形，在台基上铺筑铺房，有两门、三通道、十箭窗。由于敌台多居高临下，顶部不设望亭，少数位于低位的敌台设有望亭。砬子山东部两坡极陡，难以攀登，仅以毛石筑起低矮墙体，西侧山岭平缓，山脚下有一道大山谷，易攻难守，故修筑敌台12座，平均间距仅50米，是长城防线上敌台最密集的段落。

这段明中后期长城上发现了大量的器物遗存。筑城工具中有锤、斧、锛、凿、瓦刀之类；兵器中有矛、枪、镞、爪钩、铁炮、石炮、雷石之类；生活用具中有罐、锅、碗、灯盏之类。

2002年，在板厂峪村北部丘陵地带，发现了埋藏于地下的60多座长城砖窑，震动了长城学界。2003年，河北省文物局组织发掘了其中2座。此后，又在板厂峪相继发现了砖窑百余座。砖窑发现时，窑内还存有大批已烧成但未经使用的长城砖。板厂峪长城上有万历元年（1573年）至万历四十年（1612年）的筑城纪事碑，据此推测，砖窑内的存砖当烧制于万历四十年后，明王朝走向没落之时。

板厂峪长城砖窑分为窑室与窑道，均从当地挖砖砌筑而成。板厂峪长城砖窑，直观地展示了明代长城砖烧制的场景，为长城研究提供了珍贵的实物证据。

此外，海港区境内长城沿线流传着丰富的民间传说，成为考察长城历史文化的生动素材。

近年来，海港区境内的长城逐渐受到史学家和旅游者的青睐，

我们有理由相信，随着长城资源的保护和合理开发，随着长城文
化的深入研究和持续传播，海港区内的古老长城必将焕发出璀璨
夺目的光彩。

忠义满腔荡雄关

卢纪锋

　　义院口关,自古就是长城的重要关口。明洪武年间(1368 ～ 1398 年),朝廷在此修筑长城并派重兵扼守,因此地四面环山形似大院,而朝廷又愿守关将士皆尽忠义,故取名义院口。后韩姓由山东迁此关下居住建庄,沿用关名至今。

　　至今秦青公路、秦皇岛地方铁路以及石河均由此通过,其左右两山上仍存有 2450 余米的长城与 12 座敌台,以"关西北向"而言,左山之上 5 座,右山之上 7 座。

　　"右双峰高耸,南峰贯顶侧下,形如鱼脊,首注河流边城,屈曲如钩,倒挂尾上。其左山则层叠而下,临水壁立,高二三丈……二城倚关内,关门倾圮,设栅稽出入。余则叠石为墙,高四尺许,上护荆棘,下开水窦……城南为教场,濒河居民五千余家。其东南诸山逦迤,及石门寨多产煤。有水发源于口外之中杌岭,即大石河。南流入关,深可及股,由石门寨东。"这是清光绪五年(1879 年)的《永平府志》中关于义院口关的详细记载。《四镇三关志》载:"义院口关,洪武年建。"如此计算,则此时距义院口建关已达 500 余年。

500 余年的历史，再加上其后 100 多年间的风云飘荡，比对今日的山、水、关城与村居，这里生发出几多物是人非的变迁？

山未移，水仍流，俯瞰今日的义院口关内外，关口的形势大体仍具。昔日城之所在，即为今日村居之处。

义院口城，据《永平府志》记载，明万历年间为石筑，"高二丈五尺，周二百三十丈七尺，门楼曰东，曰西，曰南。教场城东南"。至清光绪年间，城为砖包，"高三丈四尺，周四百六十六步，有东、西、南三门"。

如今城已不存，义院口村中仅有几处城墙遗址。村委会西北，有昔日老城东边的一段城墙。这段外包青砖的城墙高足有 5 米，站在村民家二层平台的护栏上，仍望不见其顶部。残存的城墙向东延续数百米，城墙之下，是一户户的村民，城墙被当作院墙的一部分利用了起来。

由此向西不远，便是昔日的南城门，前述东段城墙向南、复向西折行至此，明显凸现出一处门楼的形具。门楼的东端，现今呈现出的是碎石叠砌起的石墙模样。南城门以南不远，有一影壁立于路边，保存较完好。南城门以西不远，昔日城之西南角，如今则是村小学的所在。由此西望，可见当年关口西侧的西山之上的 3 座敌台。

明朝时，义院口是长城防线上一道重要的关口，朝廷曾在这里设立提调署，并派重兵把守。据《抚宁县志》"古代战事"记载，明成祖朱棣登基之后，继之而来的是蒙古部族屡犯边塞的战争，从明永乐十六年（1418 年）至明万历十九年（1591 年），界岭口、青山口、义院口、板厂峪等地遭战祸 43 次之多，尤以界岭口、义院口为甚。

在义院口当地曾经流传着这样一个传说：

塞外蒙古部族多次派重兵攻打义院口。一次，因敌众我寡，虽守住了关口，明军却遭受重创。守关的一名韩姓提调官，平日打起仗来身先士卒、勇猛如虎，此时也身负重伤。他在临咽气的时候嘱咐士兵："我死之后，你们不要将我埋葬，把我的尸骨抛到城外的河边，让弟兄们记住，绝不允许敌人越过这条河一步。"从这以后，士兵们以他为榜样，死后都抛尸河边。

明万历七年，蒙古部族的军队再次侵犯义院口。明军眼见河边累累白骨，心中激起巨大仇恨，打起仗来个个视死如归。此战双方伤亡惨重，蒙古部族的军队始终未能越河一步。打扫战场时，明军仍旧把尸体堆到了河边。

传说在某种程度上佐证了曾在义院口发生的战事的惨烈，并颂扬了大明将士的忠义报国之举。

与此传说似乎有些关联，明崇祯年间巡视山海关、永平府等地的山石道范志完曾写下一首《出义院口看屯》：

四月青葱八月黄，边城内外举霞觞。

逢人莫问河边骨，且喜今朝稻满筐。

"看屯"即视察屯田的情况，范志完在诗中所描绘的是明崇祯年间长城屯戍所带来的一派丰收的景象。高举着装满琼浆玉液的酒杯，眼见一筐筐金色的稻谷，欢乐的人群暂时忘却那些在战争中死去、抛骨河边的人们……

然而，"青山处处埋忠骨"，那雄浑的关隘，始终都在回荡着满腔的忠义之魂。不知是否为了表彰这满腔忠义，义院口长城居然不知被谁授予了一条"金勋带"。义院口村西、左山最高峰上的敌楼，被称作"顶尖楼"。攀行至"顶尖楼"，要经过4座敌台。由第四座敌台往上，山势开始陡然峻峭起来。"顶尖楼"保存得较为完好，只有西南面有一小部分墙体损坏。在近乎完整的4面墙体上，嵌着6个弧形箭窗。整座敌台很高，由西南口可攀入高高的敌台内。站在"顶尖楼"内环顾四周：东面山上的长城呈"之"形分布，数座敌台罗列其中，一直延伸到山的另一边；山脚下的义院口村尽收眼底，灰顶、白顶的房屋沿秦青公路由北向南排开；西面另一座山顶的敌台，通过脚下的城墙与此相连。这段先向南复向西蜿蜒而去的城墙是"镶金边"的，显得十分独特。金黄色的条石或以横竖折线的方式（较为陡峭的箭垛部分），或以曲线的方式（较为平缓的城墙部分），在城墙的上部，随势起伏，形成一道醒目的"金边"。比墙体部分略为凸出的"金边"，细长而薄，看起来甚是美观，远眺似"金飘带"一般，更恰似谁为这满腔忠义授予了一条"金勋带"。海港区驻操营镇拿子峪村"媳妇楼"北也有一段这样的长城。

义院口村中还有"三善祠"与《高氏系谱》，见证着明崇祯七年钦差参将、镇南山副总兵金斌与寿官王守道、乡老高廷科，在这里募集民间钱粮修复长城的历史。

义院口村包括蔡庄、东关、西关、南关、上教军场和下教军场6个自然村，其中蔡庄附近曾有座"三官庙"，庙里供奉着天官、

地官和水官。庙内有一祠堂，名曰"三善祠"，祠堂里有明崇祯
七年钦差参将、镇南山副总兵金斌与寿官王守道以及乡老高廷科
的塑像。曾有《募捐钱粮创建城楼修城垣题名碑记》石碑，记载
三位大人募集民间钱粮修复长城的善举，如今庙已不存，但据说
碑仍在。

"三官庙"旧址如今位于蔡庄村民张志国的院中。院中一石
碑竖着斜插于土中，其上刻有"直隶永平府临榆县石门寨新设
巡检司加二级纪录三次谢惟贤"字样（石碑背面也有很多刻字）。
距此石碑几米远，还有一块石碑被平埋于土中，其上的文字无法
得见，不知是否为《募捐钱粮创建城楼修城垣题名碑记》石碑。
一个驮石碑的赑屃，则被丢弃到了地势远低于此的东邻院。

义院口村高山家中,有《高氏家谱》,其中有关于金斌、王守道、
高廷科等人捐修长城的记载。

《高氏家谱》共有两本，其中一本为"新订"于清嘉庆元年(1796
年)的《高氏系谱》，另一本为清同治八年(1869 年)的《家谱草本》。

《高氏系谱》中有明崇祯十年(1637 年)的《募捐钱粮创建城
楼修城垣题名碑记》，详细记载了明崇祯七年，钦差参将、镇南
山副总兵金斌与寿官王守道以及乡老高廷科等人，共同在义院口
募捐钱粮、创建城楼、修复城垣之事。碑记之后一篇即是关于"三
善祠"的记载：

"金斌，浙江人，崇祯七年任参将，明季边防最重，义院口
尤为关隘要地。伊查阅城垣至北，见其多半倾圯，约集诸绅耆捐
募，鸠工为修整计。众情踊跃，数月成工。功屡经烽警，而地方
赖以保全。是役也，寿官王守道、乡耆高廷科二人，赞襄之力居多，

乡人思捍卫之功，为祠以祀之，称为三善祠。"

作为当地曾经的大户人家，高家老宅的院中还有一株上百年的红牡丹，每年春天花开的时候十分好看。

历代守楼台　首开长城游

卢纪锋

　　秦皇岛市北 40 公里处有钟秀山，长城从山峰下向东西两边延伸。山之阳西有董家口，南有大毛山，东有破城子，均为由长城关堡演变而成的自然村。三个自然村组成一个行政村，便是董家口村。

　　这是一个因长城而生、与长城紧密相连的古村落。

　　董家口长城始建于明洪武年间，起初矮小而只有石筑实心敌台。明隆庆年间，戚继光任蓟镇总兵后重修，加固边墙并建空心敌台，至明万历年间后期尚有增补。这里的明代早期长城有内外两重，外城东起破城子，经钟秀山北侧，西至平顶峪，内城在钟秀山两侧山岭上。明万历元年（1573 年），戚继光以"省十八里不可守之边，省二十座不可移之台"，新建边墙于内城上，外城遂废。

　　董家口长城全长 8.9 公里，现存完好边墙 3000 余米、完好敌台 19 座（12 座破损），总体完好率达 60% 以上，其保存之完善全国罕见，基本保持了明长城的原汁原味。

长城自董家口村北突兀险要的山岭上蜿蜒而下，一直进到村子里，自东向西三座关堡更是已与村子浑为一体，其中董家口、大毛山关堡规模尚存，有围墙和城门，破城子关堡自古损毁，仅存遗址。

据明万历二十七年（1599年）《永平府志》记载："董家口堡洪武初为关厄，嘉靖元年移于石门，隆庆五年（1571年）并柳河冲堡于此。"董家口关堡明代为石城，清代包砖，清光绪五年（1879年）《永平府志》记载："在县北七十里，距边三里，砖城，高二丈五尺，周半里，门一，曰南。"今日关堡已残破，但规模尚在，城中尚有民居。关堡西北近百米处为长城关口，两侧皆石崖，称作石门。有河自此通过，河上有石筑水门，残址尚存。

大毛山关堡在钟秀山阳坡，始建年代不详。据明万历二十七年《永平府志》记载："大毛山关有城，弘治十三年洪钟重修，明年小毛山失守，其堡移入于此。"同样是明为石城，清代包砖，清光绪五年《永平府志》记其："在县北六十五里，距边三里，砖城，高二丈五，周一里，门二，曰东，曰南。"南门称"神威"（村民称此门为"吉祥门"），东门称"辰星"（村民称此门为"奔丧门"）。南门高大而厚重，尽显沧桑，东门则矮小、单薄许多。城堡四周城墙筑建得很高，而今尚可见最下层的围墙都有一人多高，可想而知城堡当年的宏伟气势。城堡内原有随山势而建的间间房屋，呈阶梯状。从前大毛山自然村村民都住在城堡内，一到晚上，层层民居点亮灯，远看似楼房一般。直到20世纪70年代，由于吃水不便，村民迁居到了山下的现居住地，城堡遂空。

破城子关堡于明弘治十四年（1501年）失守，移入大毛山关，现只留下与"陈家大院"东墙相连的一堵 10 米残墙。"陈家大院"曾住陈姓戍守长城后裔，后同样是由于生活不便而搬离。大院占地约 10 余亩，院内有 20 多间房屋，院墙、门楼修得颇有气势，几间老宅保存得几尽完好，可看出陈姓是当时的大户。

董家口、大毛山和破城子 3 座关堡已经成为董家口村整个村落的一部分。一时间，让人陷入困惑，不知是先有村，抑或是先有城，只感觉那长城是从这村庄走出的姑娘，野味儿十足，又原汁原味，于原始古朴中透出几分灵秀之美。

从田园农家走出的"山野村姑"自是别有一番味道。在她的身旁，自然少不了鸟语花香。杜鹃花开，红杏出墙，漫山遍野的山花织就了她的衣裙；喜鹊登枝，黑鹳冲天，声声鸟鸣陪伴了她几百年的寂寞。甘甜的溪水润泽着她的脚趾，苍松翠柏拥它入怀。斜阳西下，你看，她醉红了脸，瑞雪甫降，掩映不住的，是她来自远古的苍凉……

现实却总要煞一煞风景。实际上，是长城"撒"下了这个村庄，村民的老祖宗是从长城上走下来的"楼台军"。

据历史资料记载，明永乐二年（1405 年），"楼台军"吴、骆、虞、朱四姓眷属由浙江金华府开义县迁来，在城楼关口下落户建村。因楼台只有守兵而无将，故名"等将口"，后有董一元到任，方有"董家口"之称。董一元原为石门路参将,在明隆庆元年（1567年）抗击蒙古土蛮部落入侵的傍水崖大战中，因骁勇善战、战功显赫，晋升为副总兵，后擢升为总兵，与张臣、林桐、麻贵并称明隆庆至万历年间镇边四大名将。

原来，从明隆庆年间开始，为加强长城沿线的防守，蓟镇总兵戚继光在这一带实行"台军"制：长城上每台守军定员 10 名，春秋季节，蒙古土蛮侵扰频繁之际，增至 60 名，父子兄弟同伍，家眷随军在籍，边墙内盖房安家，开荒屯田，修缮长城，联防联守，防御外敌，家国一体。因当时蓟镇守军统属多门、战斗力薄弱，戚继光特地从浙东招募了 3000"义乌兵"到此，作为"兵样"。这些"义乌兵"后来有许多留在这一带戍边，在长城脚下安家落户，繁衍生息。今日董家口村"扁楼洼"（"扁楼"南侧山谷）中，就有清代耿氏、娄氏家族墓地，墓碑中有祖籍"浙江省金华府易武（义乌）县"的记载。

"楼台军"留下的民风习俗传承至今。民居有石刻、砖雕，门窗厚重、古朴，既保留南方建筑的精美，又体现了北方边民粗犷的建筑风格，低矮的灶台（仅四层砖高）则延续了古代军人就地埋锅造饭的传统作风。

新婚之夜，洞房炕上放半桶水，水桶上横放一口铡刀。新娘上炕后先坐在铡刀上，待新郎掀去头盖，才能落炕。想必是让新过门的媳妇记住：这是军旅之家，别忘了铡草、担水。

每年清明节，这里有"逛楼"的习俗，为了缅怀先人，当地人总会携带祭品到长城脚下去祭奠祖先，然后领着孩子们到祖先当年戍守过的敌楼上走一走、看一看，慎终追远，临风嗟悼。这种习俗四百多年来代代相传，延续至今。

清代以降，民族矛盾缓解，长城逐渐失去防御功能。在漫长而稳定的日子里，"楼台军"以台为家，于是有孙家楼、耿家楼、吴家楼、骆家楼、王家楼等名称一直沿用至今。

祖先修长城、守边疆、御外侵、卫家国的壮举，化作一种守护精神，流淌在子孙后代的血脉中。董家口村村民历代戍守楼台，他们朴素地将长城看作老祖宗留下的遗产，当作自家的东西一般钟爱、守护。为了让更多的人看看"老祖宗修的城"，2002年，董家口村村民自发整修村中、山上的长城，修山路，开农家饭庄、农家旅社，开发旅游。同年4月14日，董家口景区对外开放。后来虽因种种原因，景区陷于停顿，但董家口美丽的自然风光、丰富的长城景观已是声名远扬。

长城自西部蜿蜒而来，多在秃山荒岭间，至董家口一带则如苍龙入林海。这里林木葱郁，蔚然深秀，数千亩松林连片，栎橡楸杨混杂其中，坡间岭上榛荆丛生，堆翠铺锦，藤蔓植物匍匐于山石之上，缠络于林木之间，加之芳草茵茵，鸟鸣啾啾，虫语唧唧，泉石激荡，真是好一派秀美和谐的自然风景。

古老的长城沉浮其间，更显苍雄之气。董家口长城建筑形式多样、文化内涵丰富。长城边墙共有三个等级，在这里全部能见到：董家口关堡西侧，多为一等边墙，墙内外均以条石砌基，上部为砖筑；大毛山关堡东、北两侧，多为二等边墙，内侧为毛石砌筑（大毛山关堡东侧一段400米长城，毫无破损，保持着400年前的原貌）；三等边墙多分布在破城子段长城上，形体矮小，全由毛石砌筑。

董家口长城的敌台虽均按戚继光《议筑台规则》《请建空心敌台》中制定的规则营造（敌台分上中下三层，多呈方形，下层为条石台基，中层为铺房，顶部周围筑垛口，也称雉堞，中间筑硬山顶小房，称望亭。长城线上望亭保存下来的很少，而董家口长城上有3座保存尚好），但多有形制独特之处：董家口关堡西有"扁楼"(形扁),铺房中有筑城纪事碑,记载了"扁楼"由戚继光等官员及工匠所建造;大毛山关堡东有"箭楼",是一座以城墙为基的硬山顶小房,四面墙分布24个箭孔;还有"偏脸楼",又称"半拉楼",以山石斜坡为基,仅有半边;破城子北有孤峰耸峙,顶上有敌台称"东高楼",稍下有"翻身楼"(建在数十米高崖边,西北角离崖壁边缘仅几十厘米,仅容一人手抠石缝,紧贴楼体,翻转而过),边墙分头从两楼陡降,形势甚危,被称为"吊挂长城"。

此外,董家口长城建筑十分讲究装饰艺术,敌台石质券门上多有缠枝花、宝瓶插花、瑞兽、吉祥物等图案的浅浮雕纹饰,董家口关堡西北一敌台门券上还刻有"忠义报国"四字。关于这些纹饰,一说是"楼台军"的家眷以爱美的天性打扮了自己居住的"家",一说蕴含着长城修建者祈愿和平安定的深层文化内涵。

关于董家口长城,民间还流传着很多美丽的传说,最有名的便是关于"媳妇楼"的传说。面对着家门口的胜景,董家口村村民开发性保护长城的创举,领秦皇岛"长城村"开发乡村游风气之先,后来虽因波折陷入低潮,但当年的热潮已经形成"董家口效应"。"董家口效应"不仅带动了本地板厂峪、桃林口、城子峪等一列"长城村"的觉醒,也逐渐向外辐射。自2010年9月,秦皇岛市"义乌兵后裔"前往义务市寻根祭祖,近些年来,两地互有往来,并直接促成了义乌小商品城在秦皇岛市的落户,成为冀浙两地义乌人联系的纽带。后来,义乌市许宅村与秦皇岛市板厂峪村又结成了骨肉亲情的友好村。

京东首关九门口

王红利

　　九门口长城，系明代万里长城的重要线段，原称一片石关，因城桥筑有九座水门，故又称九门口。它是古代通往北京的重要关隘，地势险要，历来为兵家必争之地。1986年经考古发掘并进行维修，至1989年在原址基础上修复。1996年11月20日国务院公布为全国重点文物保护单位。

一 片 石 关

　　九门口原名一片石关，位于秦皇岛市海港区东北驻操营镇九门口村东（山海关城东北15公里处），这里东与辽宁绥中县接壤，西为海港区，西南接山海关，西北则与长城要塞义院口、界岭口相连，为华北与东北的交通要道，地理位置十分重要，历来为兵家必争之地，被誉为"京东首关"。

　　一片石关，始建年代不详，扩建于明初洪武十四年（1381年），明万历四年（1576年）刘效祖《四镇三关志》记载："一片石关，洪武年建。嘉靖三十六年五月置石门路，六月移山海关游击驻扎石门，改游击为参将，管山海守备及一片石、大毛山、义院口三提调，东自南海口，西至星星谷堡。隆庆三年六月，山海改守备为分守参将，以一片石以东三道关、寺儿峪二堡改隶山海，与石门并为二路。一片石提调，嘉靖四年设。"

明嘉靖十四年（1535年）《山海关志·关隘》记载："一片石关，（山海关）城东北三十里。"并且三道关、寺儿峪关、庙山口关、大安口关、西阳口关、黄土岭关、炕儿峪堡、无名口关、大青山口关俱归一片石指挥统辖，名列永平府关营之首。

景泰元年（1450年），提督京东军务、右佥都御史邹来学主持重修喜峰口迤东至一片石（即九门口）各关城池。这次大力修整永平府境内的大部分关城，为的是加强山海关至喜峰口这一大段京东主要长城的防御能力。

弘治十一年（1498年）右副都御史洪钟被调到京师担任顺天巡抚，主管京师所在地——顺天府和京东的永平府政务后，即"整饬蓟州边备，建议增筑塞垣"，继而主持"自山海关西北至密云古北口、黄花镇，直抵居庸，延亘千余里，缮复城堡二百七十所"（《明史·洪钟传》）。正因为有了洪钟的主持，山海关一带的长城才得以进行大规模的维修，山海关和一片石关等关城大部重修，并在沿线增建城堡、筑城屯兵，一些关口还进行了改线合并。洪钟堪称徐达之后对山海关长城乃至整个蓟镇长城进行大规模的整修与改造的第一人。

关于一片石关的建筑结构和规模，在明弘治十四年（1501年）编纂的《永平府志》有详细记载："一片石关在（永平）府治（今卢龙县城）东北一百八十里左右，城边有关，新砌以砖，券门三空，周围三十丈九尺，关口新建城一座。"

据此可知，此时的一片石关设三座泄水的券门，并非九门。明天启年间兵部尚书兼东阁大学士孙承宗在《入一片石五首》（其二）中有"山分一片石，水合九门关"的诗句，兰溪徐世茂在《一片石》诗中有"九门洞曲浮秋水，三辅风高起暮笳"的诗句。清康熙年抚宁知县刘馨在《重修一片石九江口水门记》一文中有如下记载："距骊城百余里而遥，东北一带地多崇山峻岭，壤接荒服，俗习边徼，马迹之所不至，展齿之所未及。有名一片石者，雉堞鳞次，巍然其上者，长城也。城下有堑，名'九江口'，为水门九道，注众山之水于塞外者也。"

清嘉庆十六年（1811年）重修《大清一统志》记载："永平府一片石关，在临榆县北七十里，有关城，东为九门水口，有水分九道，南下合为一流因名。"

清光绪二年（1876年）《永平府志》载："一片石关，在临榆县东北三十里，一名九门口。东西门各一，其西门额曰'京东首关'，东门外为边城，关正东向，又折而东南，直抵角山之背，复设正关门六，以泄水。合之，凡九门云。"

关于券门数量，据郭泽民先生《中国长城山海关详考》一书有相关考证，尽管诗词与碑记都记载为九门，但经过实地勘察，确认遗址实为六座券门，与清光绪二年的《永平府志》记载相符。

九门口长城跨河而建，设有水门九座，泄山洪之用，在券门内外侧的河道上铺砌条石，条石总面积达7000余平方米，累计共使用条石多达1.2万块。水门下用一片片条石铺出的河床，远望恰似一片巨大的条石，据传这就是"一片石关"名称的由来。然而据考证，一片石关之得名并非因此，而是因为关城西墙外山坡处的一片裸石陡崖，当地人称之为"一片石"，建关时遂以此命名。旧志所附图录亦可为证。

1986年4月，辽宁省筹集资金，重修一片石关。1989年6月，一期工程竣工，修复九江河南岸至角山脚下的长城400延长米和4座敌台，修复跨河券门9座，修复围城两座及南北水牢。

古 今 战 事

一片石关是山海关外通向关内的又一交通要道，从明初即作为战略要地，至明中后期，隆庆、万历年间再次大规模修城，以加强其防御能力。

谈迁《国榷》记载："嘉靖三十五年十一月辛巳，虏打来孙以数万骑屯青城，分犯一片石、三道关。总兵欧阳安拒却之。嘉靖三十九年三月戊子，虏把都儿、辛爱等数万骑寇一片石等关，参将佟登等拒却之。嘉靖四十三年正月丁亥，东虏土蛮、黑石炭等万骑犯蓟东一片石、黄土岭。参将白文智、总兵胡镇、游击董一元等据墙拒之，攻不克，已援至而遁，斩百七十余级。"

在一片石关最著名的一场战事应该算是李自成军队与吴三桂及清军的那场战役了，崇祯十七年（1644年）阴历四月十三日，刚攻陷北京约一个月的李自成、刘宗敏亲自统率大军往山海关，李自成另派明降将唐通率兵两万从山海关北一片石出长城，夹击吴三桂，李自成本人则率主力布阵于石河（今秦皇岛燕塞湖水库）。由于吴三桂跪降多尔衮，清军派兵助战，李自成所率的大顺军大败，清军由此正式入关。

1922年、1924年直奉军队交战于九门口。

1933年1月10日，日本侵略者攻占九门口。

1945 年 8 月下旬，李运昌、曾克林、马骥等率领冀东军分区通过九门口向东北挺进。

1948 年 8 月辽沈战役后，解放军取道九门口入关，参加平津战役。

两省交界

新中国成立以后，九门口属临榆县管辖，后秦皇岛地区进行行政区划调整，临榆县于 1954 年被裁撤，九门口村转归抚宁县管辖。

据抚宁县文物管理所老所长吴环露所撰写的《九门口长城修复开发纪实》（收于《秦皇岛长城保护纪实》一书，秦皇岛市政协编）一文，明确指出："南山崖至河岸的长城主线外侧有一条与长城走向一致的山沟，山沟西侧至长城墙下的一面坡均属抚宁县驻操营镇九门口村，山沟东侧属绥中县李家乡新台子村。"并说，"九门口长城完全是在抚宁县的境内，这便是九门口长城的现实归属。"

在 1989 年出版的《抚宁县志》中亦有明确记载："1986 年，经河北省、辽宁省两省协商，由辽宁省集资重修位于抚宁县境内的东部城墙、水门、敌楼。"本着"谁开发，谁受益"的原则，九门口长城的旅游资源开发一直是由辽宁省主导，绥中县具体经营开发管理。但从历史沿革以及行政区划上看，九门口毫无疑问当归属于河北省抚宁县，这一点无可争议。

1985 年 12 月，辽宁省文物局、锦州市、绥中县政府及文物部门负责人，邀请河北省文物局、秦皇岛市抚宁县政府及文物部门负责人在山海关共同协商，并达成协议如下：保护长城是中华儿女的共同义务，鉴于河北省将主要精力投入到山海关长城的修复方面，无力顾及九门口的修复工程，所以河北省同意辽宁省修复九门口长城。同时，河北省方面指派抚宁县副县长高国祥为修复长城指挥部主要领导人之一。河北省同意竣工后辽宁省利用长城开展并管理旅游业，旅游业收入归辽宁省。在协商过程中，锦州市文化局局长曾提出由双方管理旅游业及共同受益，时任秦皇岛文化局局长的李建回答说："谁修复，谁管理，谁受益。"最终，协商会以李建的意见达成协议。

辽宁省人民积极响应小平同志"爱我中华，修我长城"的号召，于1986年即建立起辽宁省九门口长城修复指挥部，并于同年4月26日开工，工程于1989年6月全部竣工，九门口长城正式对外开放，走上了旅游发展之路。国务院于1996年11月20日公布为第四批全国重点文物保护单位。2002年11月，九门口长城被列为世界文化遗产。

2015年7月23日，依据《国务院关于同意河北省调整秦皇岛市部分行政区划的批复》（国函〔2015〕121号），撤销抚宁县，设立秦皇岛市抚宁区，将原抚宁县的石门寨镇、驻操营镇、杜庄镇划归秦皇岛市海港区管辖。自此，九门口归属于海港区。

京 东 首 关

在九门口右侧有一个城门洞，门额上高书"京东首关"四个大字。九门口位于海港区与绥中县交界地带，距离山海关15公里，是蓟镇长城沿线最为重要的一个关口，"京东首关"的称号并非过誉。

这座关口九个洞口均在水中，可谓名副其实的"水上长城"，卢龙县刘家营乡刘家口村也有一座饱经岁月风霜、风雨严重侵蚀的敌楼岿然屹立于河道正中,当地人把这座敌楼叫作"水关",惜乎今已摇摇欲坠。虽说长城万里,却绝大部分都建在崇山峻岭之上,鲜有卧于河道之中的长城,而九门口长城在河道之中长度大约有100多米,这样的水上长城绝无仅有,极为罕见。九江河浩荡流过,九座泄水的城门横跨其上,城桥两端筑有围城,犹如桥头堡一般。九门口关南北长为550米,东西宽为500米,每座水门各宽5米,高7米,至垛口高10米,里砖外石,高大雄伟,使九门口长城更为独特和壮观。两座围城各设有7个券洞,如此的设计在长城中绝少见到。城高7米,外侧有垛口,里边有女儿墙,巍峨壮观,四角筑有箭楼,皆为砖砌。城东有两座水牢,现只存遗址,城东、南、北三面均与逶迤的长城相连接,浑然一体。整座关城大气,形势险要,恢宏壮观。因此,我国著名的国家文物局古建筑专家组组长、中国长城学会副会长罗哲文教授说:"九门口长城的建筑形式和军事防御设施,在万里长城中实属罕见。"

在城西200米开阔地上有一座墩台,当地村民称之为"点将台",按其形制可以称之为"子母台"。母台高大,呈一座直径14米,现存高度10米的圆台柱体,其下部7米由条石砌筑,上部砖砌。台顶上周有环墙,中有铺房。子台顶呈半月形倚于母台东侧,墙体有石基,上为砖砌,南向开一小门,墙顶上有垛口、墙面。母台铺房顶上有一株古松,高约10米,树冠向四周伸展,饱历霜雪,苍老遒劲。由于年久失修,子台与母台的墙体有相当毁损,2012年的一场大雨过后,点将台的西北侧更是发生整体坍塌,迄今尚未修补,不禁令人扼腕浩叹。

万里一灯明

王英之

蓟镇长城的特色是这里有很多的空心敌台。

当你走进海港区北部的山区，一眼就可以看见沿山脊蜿蜒的明代长城，腾跃而来，逶迤而去。城墙上鳞次栉比地屹立着空心敌楼，巍巍然充满神秘感。国内外无数的摄影爱好者蜂拥而至，到这里观光采风，用镜头采撷长城的雄姿。每一幅照片都散发天然的野味，仿佛在讲述一个古老的故事。

那年仲夏，我在驻操营镇的板厂峪采风，偶然发现了奇特的长城景观，拨动了胸中那根畅想的心弦，久久不能平静。

那是一个晴朗的傍晚。虽然落日飞霞已经隐去，归鸦晚噪渐渐沉寂，天穹之上仅仅显出几点星辰，疆沟碴子山龙脊般的天际线上却呈现出梦幻般的逶迤景象：夜幕下那一排空心敌楼没有呈现冰冷的影子，而是从望孔里透出温暖的橘红色光亮，像似跳动的灯光，也像一双双警惕的眼睛。我不知道当时的景象怎么会是这样。人迹罕至的野长城荒废四百余年，烽火狼烟、挑灯守关的日子已经成为历史的陈迹，但是那一排珠链般的"灯光"确是可遇不可求的神秘之光。我想象那跳动的光焰，该是长城贲张的脉搏吧？时光荏苒，长城早已成为人类的文化遗产、华夏文化的经典符号。但是长城没有死，长城还活着！长城窟里的金色的"灯光"分明昭示着长城的守护者还在守望着他们的阵地，万里长龙还在健康地呼吸。我的思绪顿时飞扬起来，我仿佛穿越了从红山祖先钻木取火到北京奥运的大脚印——灿烂焰火的万年时空，一种宏阔的生命交响在心底奏鸣。

那一天，长城上的"灯光"跳动了许久，我也激动了许久。

曾经坚守长城窟里的兵卒如同壁洞里的微弱灯光一样，无声无息一直守望到现在一定是有原因的。

空心敌台是明朝隆庆二年（1568年）民族英雄戚继光任总兵官"镇守蓟州、永平、山海诸处"时，针对实心碉楼的缺点改进的新式碉楼。戚继光募浙兵三千，在东起山海关、西至北京镇边约1000公里漫长的长城线上大兴土木，到隆庆五年，竟一口气筑起了1200余座空心敌台，空心敌台不仅战时可以机动打击来犯之敌，同时可以有效地保护守边将士的有生力量，和平时期还可以为守卒遮风挡雨安家立命，有力地加强和稳定了边防。《明史·戚继光传》载："五年秋，台功成，精坚雄壮，二千里声势联接。"

后来，这些将士长年累月在蓟北一代修筑长城、守卫长城，继而娶媳妇生孩子，过起了军屯的日子。大约在明朝后期，蓟北长城上的敌楼就以主管守军的姓氏命名，如许家楼、陈家楼、张家楼、龚家楼、吴家楼等，所以我们完全可以推想那时的长城守卫者一定在敌楼里点一盏油灯过日子，靠那一点点光焰驱避黑暗和寒冷，温暖他们坚忍的心，滋润他们不息的期望。

有幸的是，我真的看见了长城油灯的模样，还抚摸了它好一阵子。板厂峪长城文物陈列馆里展出一系列不同时期的长城油灯，有穿心灯、碟灯、壶灯、宋灯、葫芦灯……材质有陶的、瓷的、铁的、铜的。

我抚摸的那个油灯是陶做的，高不足 10 厘米，灯油碗直径 7 厘米，略施厚釉，颇不起眼。还有小一点的才 3 厘米高，直径 5 厘米，想来必是灯油添不起啊。但是，当你联想到长城万里，天无明月之时，望孔透露出的橘红色灯光连成长长的珠链，犹如天珠横空出世，前不见头，后不见尾，何等壮观！边墙内的人们望之感到温暖安全，边墙外的敌人为之却步，怎能不令人震撼？你就会觉得小小的油灯是与长城同寿命、同呼吸的，很可能是一盏油灯陪伴几代人生老病死、喜怒哀乐！小小油灯竟是长明燃烧的精灵、保家卫国默默贡献的不凡之物，它见证了千百年来一个个长城卫士艰苦卓绝的奋斗、饥寒交迫的日夜。我总觉得"用我们的血肉筑起新的长城"虽然是一句歌词，却分明闪耀着我们这个伟大民族自强不息、爱好和平的热望。

一盏小小的油灯，藏在砖洞里，灯焰如豆，却因为猫狗鸡羊碰不到，得以保全。尽管世事无常，长城经过千百年的功利性变迁，如今大都成为旅游开发的热点地区，蓟镇长城下的义乌兵后裔还是有心人，将长城战斗和生活的遗存都保存下来了。龚家楼的龚老哥是义乌兵后裔，这位令人尊敬的退休小学校长，一直对自家楼台里的"气死猫"钟爱有加。他说："有言道'万古分明看简册，一生照耀付文章'，小小长城油灯照耀我们义乌兵后裔家族四百余年，谱写了我们二十几代人的生生死死大文章啊！我们怎能不爱惜它呢？"义乌兵为什么得到民族英雄戚继光的青睐执意要南兵北调？专家认为，除了浙兵具有勇敢善战的血性之外，还和他们家乡地少人众、生存艰难、苦于游移、善寻出路的地域特色有关。谭伦和戚继光曾经向朝廷信誓旦旦地说，如果朝廷同意调兵计划，他们可以将待发的 12000 名义乌兵"召之可立至"。言外之意，这些浙人实在是没有安土重迁的障碍。

现在，板厂峪长城文物陈列馆里有许多长城油灯，默默向后人诉说长城人遥远的故事，青丝白发之间，夜夜长明之中似乎跳动着中华文明的影子：坚忍不拔、一诺千金、舍生取义、家国天下……

"刚正勇为"的义乌精神由戍边的义乌兵一脉几代人的血肉，在长城之上化作了"家国长城，世代忠心"的精魂，生生不息，光耀千秋。但愿，我们每个人的心中，都燃起一盏长城油灯，让我们的民族精神薪火相传、万世不灭。

拿子峪印象记

王红利

拿子峪是一个村民不足百户的小村落，现隶属于海港区驻操营镇，拿子峪村距长城重要关口义院口只有 2 公里之遥。拿子峪紧邻大山，大山之上即为明长城，长城之上有多座关口，其中较为知名的为"媳妇楼"。这座敌楼与董家口长城一样成为秦皇岛地区"女性长城"的代表性关口。为了一探究竟，我和几个同事一同来到拿子峪。

在拿子峪村村主任冯宝义的带领下，我们首先来到村东一座古宅门口，拿子峪虽然村庄规模很小，但是建村的历史很久，因此得以保留了一些历史遗存。在当地的村民口中甚至有"先有拿子峪，后有义院口"的说法。古宅的主人叫张海坤，老人家手持拐杖，坐在门口左侧一块磨得十分光滑的条石上。古宅首先吸引我们的就是其端庄秀雅的门楼，门楼保存得较为完好，磨砖对缝，砖木混合结构。门楣上两枚圆柱形的门簪，刷有红绿蓝等颜色的大漆，颜色曾经无比鲜艳，经过岁月的冲刷与侵蚀，大多已经剥落，露出斑驳的原木的颜色。

　　四级青色条石的台阶，一对石鼓分立门口左右，石鼓顶部的雕刻也许是兽首，也许是花饰，早已不存，但大体形具。因为年代久远，石鼓呈暗青灰色。门口的左侧内壁有一个凹进去的龛位。两扇木门，一对门环，门槛高高，须尽力抬腿，方能迈过，木制门槛，罩以铁皮铆钉，虽已锈迹斑斑，但分明看得出昔日神采。推门而进，一面巨大的影壁墙矗立，影壁墙的正中是一方雕花的砖饰。张海坤老人年逾古稀，因为耳背听不太清我们的问话。于是我们在打过招呼后径直走进院子。冯宝义告诉我们老人家的这座宅院先后几易其手，先是老唐家居住，然后卖给老侯家，张海坤老人则是在 20 世纪 70 年代由老侯家人手中买过来的，一直居住至今。

　　院子的东厢房久已废置，西厢房尚可住人。厢房的瓦檐顶端有或双喜字或福字的瓦当。正房依然坚固，走进堂屋，正房的堂屋与东西两侧的卧室之间并非北方常见的内部石砌、外部罩灰的实体墙，而是在门口左四扇、右三扇仿佛窗棂格栅样式的木制隔断。隔断全为雕刻镂花，无比精美，这样精美的东西却承受着长期的烟熏火燎而呈暗黑色。门上挂着鲜艳的红色门帘，掀起门帘进入屋内，一口古朴简陋的板柜上摆放着一面木制雕花古镜，古镜正面绘有花鸟图案，栩栩如生。

　　离开张海坤老人的家，我们沿着老街西向而行，又看到一座比较有特色的村民住宅，这座住宅虽然说不上历史多么久远，但是却留下了鲜明的历史印迹，房子的后墙身用红色的油漆刷写着许多的"毛主席最新指示""千万不要忘记阶级斗争""阶级斗争一抓就灵"以及"要斗私批修，要破私立公，改造世界观"等"文革"

时期盛极一时的革命口号。冯宝义告诉我们，这座住宅是村民朱作江家的。在老朱家的对门，我们看到一户人家的门簪上刻有"纯嘏"二字，经查，《诗经·鲁颂·閟宫》有"天锡公纯嘏，眉寿保鲁"之语，汉代郑玄笺曰："纯，大也；受福曰嘏。"这样的设计使得我们不禁想起驻操营镇的庄河村，那里的许多古宅也有这样的设计，其中一座古宅的门簪就有"元亨利贞"的字样。而这些寄寓着美好意蕴的词句同样都出自儒家经典。由这些文字推断，"耕读传家"的传统美德在这里薪火相传，梦想不灭。

早就听说拿子峪村旁的长城上有一座"媳妇楼"，这次来到村里终于有机会一睹"芳容"。明代初期，驻操营镇的长城关堡为山海关长城的重要组成部分，并且曾有重兵把守，先属蓟镇燕河路，后改石门路管辖。下辖一片石关（即今九门口）、苇子峪关、花厂峪关、义院口关、长峪口关、平顶峪关、水门寺关、城子峪关、大毛山关、拿子峪关、黄土岭关、庙山口关、无名口关、西阳口关等关隘。这里山势险峻，易守难攻，依山而建的长城关堡是蓟镇长城中至关重要的边关要塞，因为咫尺之遥即为辽东镇。因此从明朝初年开始就相继在此修筑长城。这一地区所辖长城关隘逐渐成为明朝与外族频繁发生战争的军事要冲。

"媳妇楼"的称呼从何而来？村里人并没有给出一个让我们满意的答案，但是据资料显示，明隆庆初年戚继光任蓟镇总兵后，为免除蓟镇官兵的后顾之忧，提高官兵战斗力，募浙兵三千，驻守此处长城，并将浙兵家眷一同调来在此安家守边，于是出现了各个楼台分别由各家各户守卫的情况，所以才会出现"王家楼""耿家楼"等称呼。董家口长城的这座"媳妇楼"，当地人称是因为守护长城的兵士战死疆场后，妇女们擦干眼泪"替夫从军"，继续守卫着这座敌楼，因此称"媳妇楼"。

　　有学者将我秦皇岛市境内驻操营镇以及辽宁省葫芦岛市等相近地段所发现的这些带有精美装饰图案的长城称为"女性长城"。坐落在董家口一带的长城至今依旧坚牢，保存较为完好，有些敌楼的两端各有一个拱形的石券门，上面刻有图案，或为云彩，或为狮子滚绣球，或为盘旋往复的莲花。在花厂峪附近的长城其特点同样为精美的石雕，其中最著名的是花厂峪北侧的一个敌台，亦俗称"小媳妇楼"，这些雕刻精美的石雕不仅具有较高的艺术价值，寄托了守边将士对安定美好生活的向往之情，同时在客观上也起到了美化长城的建筑效果，给这些坚硬而冰冷的军事防御设施增添了一丝暖意，一抹温情。

　　不论是"媳妇楼"的传说，还是券门上精美的莲花石雕，都彰显出女性的存在，由此看来，女性与长城确实有着密不可分的联系，在《抚宁县志》中就有这样的记载：

> 千里寻夫到塞上，恰逢逆胡动干戈。
> 丈夫报警身殉难，新妇大义举烽火。
> 继承夫志守戍楼，寸心拳拳报忠国。
> 朝挽强弓暮事炊，万里边塞增春色。

　　通往"媳妇楼"敌楼的路很难走，开始尚有羊肠小道可以循迹而上，及至后来，连道眼都已不见，须尽力拨开丛生的荆棘杂草才能前行。艰难行进了近两个小时，终于到达"媳妇楼"下方的一个较为残破的敌楼，此处仅余断壁残垣，稍作休整，继续沿着残破的长城前行，这些长城早已毁坏得不像样子，只有地基仍在，布满大小石头，我们就这样小心翼翼地踩着石头攀爬，最终到达我们此行的目的地——"媳妇楼"。

"媳妇楼"基座由十层巨大的条石组成，无比坚固。南向设一券门两券窗，券门两侧均有瓶花雕刻，雕工细腻，极富艺术美感。券门离地较高，一根粗大结实的树杈倚靠在门下，权作台阶之用，这大概是来此处探访的"驴友"们的"杰作"吧。

于是我们借着这根树杈，登上这座在风雨中屹立了几百年的敌楼。敌楼之上建有铺房，南北两道楼梯台阶均可到达台顶铺房。现在的楼都讲"板式高层，一梯两户"，而这里竟然是"一户两梯"，当然这样的设计显然不是为了"尽享奢华尊贵"，而是为了守卫长城的将士们上下更为迅速便捷。毕竟，时间也许关乎一场战争的胜利与否。台阶共有九级，到台阶顶端转身处设有箭垛，铺房封闭性较好，东向设有一门两窗，也许是因为敌楼上风疾雨骤的缘故吧，窗口较小，门侧可以分明看出插门闩的凹槽。

登上"媳妇楼"关口，站在这些前人耗尽心血建立的军事防御措施上，极目远眺，不由发出思古之幽情。北望长城，真的宛若游龙，盘旋于崇山峻岭之间，逶迤而来，甚至可以清晰地看到义院口处的长城敌楼。

通过"媳妇楼"继续向上攀爬，有一个大平台，据说为拿子峪长城的制高点，大平台上如今仍保存有当年守城士兵加工粮食用的石碾盘等物。可惜的是我们因为时间关系以及身体状况，并未能爬上大平台，恐怕要算是此行的最大遗憾。

　　值得着重说明的是，此处长城有一个与众不同之处，长城墙体外侧有一道凸出的"金飘带"随着长城高低起伏的走势不断伸展飘舞。自"媳妇楼"向北眺望可以非常清晰地看到这条"金飘带"。近距离观察，这条"金飘带"实由一块块的金色石条首尾衔接而构成，呈楼梯台阶状。这条"金飘带"的存在更大程度上的可能是为了审美考虑，因为从坚固耐用角度讲，这条"金飘带"设计并不起作用，因为条石外凸于墙体之外。也许当年这段长城的督造官员充满了浪漫情怀，他知道长城的修建不是一朝一夕之事，更不会毁于一旦，而是福润百代、泽被千秋的伟大工程，所以长城作为军事防御工事之外，也许可以融入些许的审美设计。

　　人类早已结束冷兵器时代，进入热兵器时代，现在已经是信息化时代，长城作为军事防御体系早已经退出历史舞台。终因年久失修而不断毁坏，再伟大的工事也敌不过岁月之手的蹂躏，城墙坍塌，敌楼残破，理所固然。因此，长城的雄浑之美固然存焉，但更多只能示人以残缺之美。拿子峪的长城并不完美，亟待修缮，可正是"野长城"这种自然朴拙的原始风貌吸引了许多人的到来。

　　无论怎样，长城作为我国重要的历史文化遗迹，具有特殊的地位和文化影响力，应该在全社会树立损毁长城违法、保护长城有责的意识，深入挖掘、阐释、宣传长城特有的文化价值，做好长城保护工作对展示中华历史文化和弘扬民族精神具有十分重要的意义。

考古大发现　长城砖窑群

王红利

　　板厂峪村，原名长谷村，属海港区驻操营镇，距秦皇岛市区30公里，村北高山险峻，山梁上横亘着 3.5 公里保存完好的明长城。2002 年 12 月，秦皇岛市文物工作者在板厂峪村附近一片山坡地里发现了第一座长城砖窑。经连续探查发现，这里有长城砖窑 66座、灰窑 5 座，以及打铁作坊 3 座等历史遗迹，砖窑随地势而建，沿土坎一字排开，工艺简洁大方，两窑之间距离不等，远的相距4 米，近的窑壁相连。长城砖窑群遗址主要分布在板厂峪村高家地的北土坎、东沟和北塘丘陵内。

　　板厂峪明长城砖窑群的出土，对研究古长城的建设及其建筑材料具有重大的历史意义和科学价值，对研究中国古代生产技术的发展也具有极其重要的意义。著名长城专家董耀会认为：这样大规模的、保存完好的明长城砖窑群出土，是震惊中外的长城考古的重大发现。

　　为了一睹板厂峪明长城砖窑群的风采，我特意约上市文物局曾经参与长城砖窑群遗址探查发掘工作的闫乐耕研究员同行，来到了板厂峪。节气虽然已经过了立秋，天气依然炎热，板厂峪景区内的游客也很稀少。进入景区就看到有几个工人正在修路，板厂峪村村委主任、板厂峪长城旅游有限公司董事长许国华正在施工现场。闫乐耕与许国华是老相识，亲切地打过招呼后，两位当年曾经参与砖窑群勘探以及考古发掘工作的亲历者滔滔不绝地跟我介绍起当年的长城砖窑群考古挖掘情况。

板厂峪长城，在明洪武十四年（1381年）徐达初建时为三等边墙，墙体为石筑，敌台为实心。明隆庆三年（1571年）戚继光任蓟镇总兵后，增修一等边墙，并上疏修建空心敌台："蓟镇边垣，延袤二千里，一瑕则百坚皆瑕。比来岁修岁圮，徒费无益。请跨墙为台，睥睨四达。台高五丈，虚中为三层，台宿百人，铠仗糗粮具备。"戚继光的建议得到了张居正的首允，"（隆庆）五年秋，台功成，精坚雄壮，二千里声势联接"（《明史·戚继光传》）。

据许国华介绍，板厂峪境内长城一般宽为5米，高4.8米（其中垛口高约1.8米)，用石头和青砖砌成，绵延约16公里，地势险要，建筑雄伟，敌台星罗棋布，最高敌台修建在800多米高的山顶上。在50多座敌台中，保存较完好的敌台有30多座。这些敌台外层均由青砖砌成，宽大厚重、质地细密。

这些长城用砖到底从何而来，长城学界一直以为是从外地烧制然后运输至长城脚下。因为据考察，在我市境内各处长城墙体上发现了为数众多的长城文字砖。这些长城砖或在正面，或在侧面，分别刻有烧制年代和产地："万历十二年滦州营造""万历十二年真定营造""万历十二年建昌车营造""万历十二年燕河路造""万历十二年乐亭县造""万历十二年抚宁县造""万历十二年卢龙县造""万历十二年迁安县造"，凡此种种，不一而同。据以断定长城砖的产地来自外地，并不为过。因此，在长城沿线到底有没有长城砖窑，一直是一个萦绕在众多长城专家和学者们心头的不解之谜。

砖 窑 惊 现

2002年，近邻董家口村依托长城要塞，进行长城旅游开发，人气空前高涨，板厂峪村看在眼里，急在心里，村民许国华自掏腰包400多万元，修筑了进山的水泥路，以及登长城的石板路，目的只有一个：我们也要开发旅游。市文化局的郝三进和闫乐耕受村民之邀，指导板厂峪的旅游开发工作。

村民在田间地头经常捡到青砖头，所以一直有传说这里地下有砖窑，可是砖窑究竟在哪里，谁也不知道。

据了解，砖窑的存在需要满足三个条件：第一，必须有黏土或质好的沙土（作为烧砖的原料）；第二，必须有树木或灌木（作为烧窑的燃料）；第三，必须有充足的水源（红砖变为青砖的关键步骤就是淋水）。反观板厂峪村周围的地理环境，恰与这三点相符，郝三进和闫乐耕也更倾向于相信此处可能会有长城砖窑的存在。为了揭开这个谜团，经河北省文物局同意，秦皇岛文化局文物处批准，2002年8月，郝三进和闫乐耕组织当地村民成立了一支勘探队，开始在板厂峪周围的农田以及山坡进行全面勘察。

砖窑遗址的勘测过程颇为艰难，历经一个多月的时间，10个人的勘探队往返于700多亩的山地间，挖了160多个大坑，也不见砖窑的踪影。就在最后关头，大家几乎要放弃了。许国华永远记得那一天——2002年12月1日，山上的菩萨寺正殿清理干净，迎来了在五台山开过光的观音佛祖金身，上午本来阴霾的天气到了中午，竟然露出湛蓝的天。

午饭后，在村民赵长禄的带领下，村民们在板厂峪村北东沟高家地的一株300多年树龄的银杏树下又挖开一处，一锹，又一锹，铲开积雪，露出黄土，铲开黄土，露出的竟然是一片焦土，铲开焦土，村民们全部惊呆：一层一层码放得整饬有序的长城砖赫然在目，几代人一直在寻找的砖窑终于露出真颜。

许国华介绍说："发现窑址以后，再回过头一想，其实窑址并非无迹可寻。夏天站在山坡上往下看，一大片玉米地经常会发现有一个接一个的怪圈，在这个怪圈范围内的玉米苗长势不如别处，显得弱小枯干，现在就终于明白是怎么回事了。"原来这个怪圈下面其实就是砖窑，砖窑上面的土地存不住雨水，凡是长在这个怪圈上的玉米苗都缺水，不枯弱才怪呢。

考 古 发 掘

2003年7月21日，经国家文物局批准，由河北省文物局组成考古发掘队，对2号、4号两座砖窑进行了发掘。两座砖窑结构基本相同，均为"马蹄窑"，由窑门、窑室、工作面三部分组成，窑口直径3.5米至3.8米，窑深3.5米，其中窑室又有火膛、窑床、烟孔、烟囱、窑身、窑壁和窑口等构造。窑门形制完整，均为半圆形券门，用青砖砌成，除窑顶被揭开外，其他部位保存较完整。

每座窑内藏砖约5000块，每块砖长36厘米，宽17厘米，厚9厘米，重约10.5公斤。长方形墙砖、地墁方砖、多边形的押帽砖、雕花砖、垛口尖砖以及不同类型瓦。依据发现的文物遗存，可断定板厂峪明长城砖窑群一带是明代重要的兵器制造、建筑材料、建筑工具和后勤保障的重地。板厂峪窑址群遗址，2003 年10 月 17 日公布为县级文物保护单位，2008 年 10 月 24 日，公布为省级文物保护单位，2013 年 5 月 3 日，公布为国家级重点文物保护单位。

历 史 价 值

烧窑在中国有 2000 多年的悠久历史，是历史上一项很重要的生产技术。板厂峪窑址群遗址距今已有 500 多年，得以完整保存至今，实属不易。长城砖窑，真实反映出长城砖烧制的技术水平和工艺方法，是研究明代长城建筑的珍贵实物资料，对中国长城建造学研究有着重要的参考价值，可补历史文献记载之不足。

无怪乎长城专家董耀会这样说：在秦皇岛境内发现这么大面积、数量这么多，保存如此完好的明长城砖窑，是长城研究史上独一无二的。它的发现填补了长城研究史的空白，对研究长城建筑史意义重大，将引起世界的广泛关注。

微 型 展 馆

在长城砖窑遗址内同时出土的还有石雷 70 余枚、铁铳 3 支、石炮 5 门等，这些文物都收藏在砖窑遗址旁的明长城陈列室内，这个陈列室为三间四合院结构，占地约 200 平方米，堪称一个微型展览馆。院子内摆放着一些残碑断碣，以及守护长城所用的石炮、石弹等兵器。

陈列室内墙壁上悬挂着板厂峪景区开发，尤其是长城砖窑遗址勘探发掘过程中的重要照片，从照片可以看出，省、市、县各级领导对长城砖窑群遗址的发掘工作十分重视，先后到访。陈列室内有长城文字砖以及火铳、铁炮等防御武器，另有戍守长城将士的生活用具——青花瓷碗、温酒壶、穿心灯等物品。值得一提的是，陈列室内还展有在灵仙洞出土的斑鬣狗化石，经中科院修复完整，供游客参观。

第四辑

地质文化

柳江盆地　稀世瑰宝

吉　羊　姜耀俭

在秦皇岛市市区，有一条始建于 1913 年的百年"小铁路"，因为它先是从秦皇岛港伸向柳江煤矿，后来又继续向北延伸，伸向北部的长城煤矿，所以它有两个名字，先叫"柳江铁路"，后称"长城铁路"。沿着这条铁路一路北上，就走进了在中国地质学界大名鼎鼎的柳江盆地。

柳江盆地位于秦皇岛市海港区的石门寨镇和驻操营镇，它的历史十分悠久：

在 3000 多年前的殷商、西周时期，这里属孤竹国。

公元前 664 年，齐灭孤竹后，此处属燕国辽西郡。

唐武德二年（619 年），拆分卢龙县，始置抚宁县。这里属抚宁。

明代，修建万里长城，设九镇，自山海关至镇边城为蓟镇。镇下设路，蓟镇东起第一路为山海路，第二路为石门路，第三路为台头路。石门路东起九门口，西至猩猩峪。柳江盆地一带的长城及其营堡关隘，属石门路管辖。石门路的治所设在石门寨。

清乾隆二年（1737 年），设临榆县，辖深河以东之地及山海关。

"深河以东之地"，即指今戴河以东地带，深河、海阳、杜庄、石门寨、驻操营诸镇，以及今戴河、汤河、石河下游的平原地带，均归属临榆县。

1954 年，撤销临榆县，除沿海地带，即北戴河区、海港区、山海关区成立秦皇岛市外，其余均并入抚宁县。

2015 年，抚宁县撤县改区，柳江盆地从原抚宁县析出，划归海港区。

柳江盆地南北长 20 千米，东西宽 15 千米，是一个很小的盆地。柳江盆地像一个长条形的簸箕，西、北、东较高，南边比较低。西部是高峻的祖山，海拔在 1000 米以上，属中山地貌；北部和东部是板厂峪的熊顶盖和董家口大毛山一带，海拔在 500 ~ 800 米左右，属低山地貌；西南部的鸡冠山、大平台，东南部的蟠桃峪，亦属低山地貌；正南方的老观峪，海拔只有 200 米上下，为丘陵地貌。可就是这个小小的盆地，历尽沧桑，岁月留痕，却保存着在地质年代所形成的历史久远的地质遗迹。其实，地质遗迹并不是奇迹，历经几十亿年、几千万年、几百万年还能比较完整地保存至今，那才是真正的奇迹。

柳江盆地是一个聚宝盆，它历经 25 亿年的天翻地覆，风雨涅槃，却把地质演化的印记精心地保存下来。别的地方难得一见的地质遗迹，在柳江盆地却举目皆是，这实在是太难得了。

柳江盆地是一个袖珍的、迷你版的华北板块。所谓华北板块，是一个中国地质学的名词，也称作华北地台，它北到阴山、三江平原，南到秦岭淮河一线，西到六盘山，东到鸭绿江畔。读懂了柳江盆地，就读懂了我国东部的半壁江山，也就读懂了地质学的精髓，读懂了山山水水的来龙去脉。

地质遗迹可分为内力地质作用的遗迹和外力地质作用的遗迹。气势磅礴的地壳运动，沧海桑田的进退变迁，万水千山的循环往复，所形成的地质遗迹记录了地壳运动的过程，保存了气候变迁的印记，留下了生物进化的证据，是地球发生、发展的历史档案。

亿万年的改造和销蚀，使这些地质遗迹渐渐成为蛛丝马迹，难以寻觅。可是在柳江盆地，这些遗迹却随处可见，不仅品类繁多，而且分布广泛，被称为"柳江瑰宝"。瑰宝者，贵重而美丽，稀世之珍宝也。也许，你不经意间随手一指，眼前的峭壁悬崖就是一座曾经沸腾进射的火山；也许，你登上了一座高峰，走过层岩叠嶂，踩在脚下的，却是一片古老的海滩；也许，你轻轻敲打着的黝黑的岩层，就是几亿年前的沼泽和森林；也许，岩石断面上的一个淡淡的白圈，就是一个古老的海洋动物形成的化石……

区内三大岩类出露齐全，各时代沉积地层发育完好，地层单位界线清晰,化石丰富多样。柳江盆地享有"弹丸之地,五代同堂"的美誉，盆地内太古代、元古代、中生代、新生代地层均有精彩展现。有24个组级地层单位，其中，亮甲山组、黑山窑组是两个组级地层单位的建组剖面。拥有集中反映区域性地质构造运动的"六大不整合面"，还有各种内外力地质作用形成的具有较高观赏价值的竹叶灰岩、藻灰岩，千姿百态的岩溶地貌景观均为本区珍贵的地质遗迹资源。

柳江盆地有高大险峻的山地地貌，有沟壑纵横的丘陵地貌，有峡谷、瀑布、曲流细心装点的河流地貌，有奇峰丽水梳妆打扮的古火山地貌，冰斗刃脊漂砾齐全的古冰川地貌，有大小溶洞、钟乳石、石笋、石柱争相辉映的岩溶地貌。向南 20 多公里，就是碧波万顷的渤海，这里有典型的海岸地貌、沙质海岸、岩石海岸、河口地貌，应有尽有。

柳江盆地及其周边地区地貌类型之全，不仅在中国绝无仅有，在全世界，也同样是罕有其匹。

柳江盆地是神奇的，也是美丽的。

张崖子的陡砬，是从 25 亿年前到 9 亿年前的一步跨越；

大傍水崖的离堆山，见证了石河汇流处的迁移演变；

九道缸瀑布，北龙潭瀑布，飞流直下，抛珠溅玉；

石简峡古火山口的火山岩石柱，高达百米，绵延千米；

沙河寨象鼻山，岩溶地貌，二象戏水，惟妙惟肖；

吴庄垭口九龙壁，岩层褶曲，笔走龙蛇；

南刁部落旋卷构造，大圆似鼓，耸立山头；

黑山窑断层壁，直立如墙，横亘东西；

山羊寨，联系着华北、东北两个古老的生物群落；

灵仙洞斑鬣狗化石群，数量庞大，亚洲第一；

亮甲山石灰岩，柳江名片，是中国的一段标准地层；

……

现在，柳江盆地是国家级自然保护区，是秦皇岛国家地质公园的核心景区，是我国现代地质学的发祥地之一，是我国历史最为久远、规模最为庞大的地学野外实习基地。2014 年 5 月 18 日，柳江盆地地学博物馆正式开馆，柳江盆地名副其实地成为地学百科全书和人才摇篮，成为秦皇岛市青少年科普活动和素质教育的

第二课堂，也是市民休闲旅游的胜地。

柳江盆地的历史，地老天荒，渐行渐远。柳江盆地的地质遗迹，乃稀世珍宝，值得珍惜。

《柳江盆地赋》《道生一》解读

吉　羊　姜耀俭

　　在柳江地学博物馆大门外石砌的大墙上，镌刻着一篇短短的124字的《柳江盆地赋》。在博物馆内的柳江盆地厅有一个弧形的展板，其上有一篇73字的诗文，题为《道生一》。两篇文章总共只有197字，却概括出了柳江盆地的科学价值以及它在中国现代地质学的创立、形成与发展过程中所担当的培养人才的重任和贡献，同时表达了保护柳江盆地自然生态环境的强烈渴望。

　　笔者是这两篇文章的作者，因为这两篇文章彼此相关，含义相通，谨在此作一个大概的说明。

　　《柳江盆地赋》的全文是：

　　柳江盆地，大名远扬；山川俊秀，龙游凤翔。弹丸之地，五代同堂；地质演化，记录周详。岩石块垒，写就海陆文章；点染揉皱，化成远古沧桑。多少地学前辈，汗洒柳江；万千青春学子，步履铿锵。地学百科全书，沐浴雨雪风霜；后辈才俊摇篮，映射日月星光。俊美哉柳江，愿青山永在，绿水流长；瑰宝乎柳江，盼慧眼识珠，世代珍藏。

《道生一》的全文是：

道生一，一生二，二生三，三生万万千。一座盆地。两个构造层。三大岩类。四次为海，四次为陆。五代同堂。六大不整合面。七八十所院校。九十年实习基地。万千学子朝觐圣地。

《柳江盆地赋》起首四句："柳江盆地，大名远扬；山川俊秀，龙游凤翔。"柳江盆地在中国地质地理学界乃至世界地质地理学界都是大名鼎鼎、声名远扬。柳江盆地山川俊秀，作者用"龙游"来描述万里长城横贯东西，用"凤翔"来描述柳江盆地展开东西两翼，在天地之间翱翔。

《道生一》则用起首十四字："道生一，一生二，二生三，三生万万千"，说明要借助道家对世界万物起源的认识，来阐明柳江盆地的价值与作用。

一座盆地：柳江盆地是一座面积不大、内涵丰富的盆地。

两个构造层：柳江盆地经历了两个重要的地质演化的历史阶段。下构造层形成于从距今9亿年到2.5亿年，包括晚元古代和古生代。在这个阶段中，先是地壳下降，海水侵漫，然后地壳抬升，海水退出。上构造层形成于距今2.5亿年以来，主要指中生代。这个阶段的地壳运动非常强烈，有水平运动的挤压和褶皱，也有大规模的岩浆活动和火山爆发。两个构造层之下是由距今25亿年前形成的太古代变质花岗岩构成的基底。

三大岩类：组成地壳的岩石可分为三大岩类，即岩浆岩、沉积岩、变质岩，它们在柳江盆地都可以看到。

四次为海，四次为陆：从地质发展历史而言，柳江盆地是华北板块的典型代表，柳江盆地和整个华北板块一样，25亿年以来，经历了四次为海、四次为陆的沧海桑田之变，并留下了珍贵的地质遗迹。

作者用"弹丸之地，五代同堂"来概括柳江盆地国家级自然保护区最重要的特点和价值。柳江盆地，区区弹丸之地，却分布着太古代、元古代、古生代、中生代、新生代五个地质时代所形成的地质遗迹。柳江盆地面积不大，一名年轻人，从这里的任何一个地方出发，一天之内都可以步行打个来回。可是，25亿年以来的五个地质时代却在这片土地上留下了它们的遗迹。小小的柳江盆地是一部鸿篇巨制，层层叠叠的岩石，书写了25亿年以来的"山海文章"；柳江盆地是一幅辉煌壮丽的画卷，展现了"高岸为谷，深谷为陵"和生物演化的历史。

六大不整合面：两套岩层之间，地质时代不连续，发生了沉积间断，称为不整合。不整合岩层之间的界面，叫作不整合面。不整合面的存在，代表着一次大规模的地质构造运动，有着非常珍贵的科学研究价值。在柳江盆地这个很小的区域里，蕴含着全球性的六次地质构造运动形成的六个不整合面，十分难得。

下边，把"多少地学前辈,汗洒柳江;万千青春学子,步履铿锵。地学百科全书,沐浴雨雪风霜；后辈才俊摇篮,映射日月星光"和"七八十所院校,九十年实习基地,百多年科考历史,万千学子朝觐圣地"放在一起来讲。

1869年，中国现代地质学的先驱者、德国地质学家李希霍芬来到柳江盆地考察这里的煤田地质，时间上较之1898年秦皇岛开埠还早了近30年。

1916年，中国第一个地质学博士、中国地质事业的创始人之一的翁文灏，我国第一个地质科研机构——农商部地质研究所、调查所的创办者之一、所长丁文江带领我国最早的地质专业的学员来柳江盆地考察。

1923 年，北京大学地质系当时年仅 28 岁的青年教师孙云铸带领五名学生来秦皇岛进行野外地质实习，开柳江盆地地质实习之先河。后来，这师生六人中有三位成了中科院的院士，他们分别是：孙云铸、杨钟健、田奇镌。

从 20 世纪 50 年代开始，柳江盆地逐渐成为我国规模最为宏大的野外实习基地。进入新世纪之后，每年有七八十所大专院校的 500 多名教师、1.6 万名学生来到柳江盆地，进行野外地质地理实习。

近百年以来，从柳江盆地走出了近二十名院士，走出了无数的地质学、地理学教授，走出了数以万计的地学工程师和中小学地理教师。现在，旅游专业、中医药专业、植物学专业、美术专业的师生也走进柳江盆地，来这里汲取营养。柳江盆地当之无愧地成为我国的"地学百科全书"和"后辈才俊摇篮"。

《柳江盆地赋》最后两句，作者表达出深深的渴望：愿青山永在，绿水长流，让柳江盆地更加俊美。作者也发出了深情的呼唤，盼慧眼识珠，把柳江盆地这个稀世珍宝世代珍藏。

大地沉浮的印记——不整合面

吉　羊　姜耀俭

　　《诗经·小雅·十月之交》有"高岸为谷，深谷为陵"的诗句，是说地形地貌总是处于不断的变化之中，高高的山陵可以变成深深的沟谷，深深的沟谷也能变成高高的山陵。唐太宗来到秦皇岛一带，写了一首《春日望海》的诗，诗中的"洪涛经变野，翠岛屡成桑"，除了感悟沧海桑田、大地沉浮的变化，还给秦皇岛留下一个非常美丽的别称——翠岛。

　　一代伟人毛泽东，1925 年，32 岁的时候，曾经有一个问题，萦绕在他的心头：问苍茫大地，谁主沉浮？

　　在自然界，有两种力量在主宰着大地的沉浮，一个叫作内力地质作用，不断地"抬升下降"，加大地壳在水平和垂直两个方向的差异；还有一个叫作外力地质作用，不断地"削高填低"，让高处风化剥蚀，让低处接受沉积，以缩小差别。

　　"不整合"是用来表达地层接触关系的一个地质专业术语，是说地层在沉积过程中出现了缺失，或者沉积间断。什么叫作"缺失"和"间断"呢？比如喜马拉雅山，当它长期处于海平面以下的时候，河流带来的碎屑物质和化学物质就会不断地沉积在海底，形成沉积岩层。这时，地层的沉积就是连续的，称为"整合"；当地壳抬升，它高出水面，出露地表，成为山脉，就开始遭受剥蚀，地层沉积就出现了"缺失"和"间断"，称为"不整合"。假如有一天它又开始下降，降到海平面以下，并接受沉积，形成了新的地层，这时，在老地层和新地层之间便出现了一个"接触面"，这个面就称为"不整合面"。不整合面是大地沉浮的印记，是非常重要的地质遗迹。

不整合，有许多不同的种类，反映着不同的形成过程。例如"沉积接触不整合"，它的形成过程是这样的：原来由岩浆岩或者变质岩构成的山系，经过漫长时间风吹日晒，冰冻水洗，终于，庞大的山系被削磨成一个面积辽阔的"准平原"，昔日坚硬的岩石经过了一个大块变小块，小块变碎块，碎块变粉末，最终被地表流水送进湖泊和大海的过程。大地残留的平缓疏松的表面，是由风化残积物构成的"风化壳"。此后，地壳下降，"准平原"沉入海洋或者湖泊的水面之下，接受新的沉积。新的沉积地层和古老的准平原之间的接触关系，就称为"沉积接触不整合"。

如果原来在水下形成的沉积岩地层，由于地壳抬升，出露水面，形成山系或高地，经过长期风化，表面成为由铝土矿、褐铁矿等风化淋滤残积物形成的"风化壳"。此后，地壳下降，"风化壳"沉入海洋或者湖泊的水面之下，开始接受新的沉积。新的沉积地层和古老的沉积地层之间的接触关系，就称为"不整合"。

沉积岩之间的"不整合"又分为两种：如果所经历的地壳运动是垂直抬升、垂直下降的，上下两套地层的产出状态，都大致相同，称为"平行不整合"，或者"假整合"；如果下边一套地层先经历了水平运动，出现了褶曲和断层，然后暴露地表，经受风化剥蚀，再经历地壳下降，接受沉积，形成上边的一套地层，这样，上下两套地层的产出状态，就互不相同，称为"角度不整合"。

不整合面是大地沉浮的印记，是研究地球演化的重要依据，所以十分珍贵。一个地区有一个不整合面，就能吸引研究者蜂拥而至。而在柳江盆地，这样的不整合面竟然就有六个！究竟是哪六个？请看下面的表格：

柳江盆地不整合面一览表

序号	名　称	位置	长度	说　明
1	吕梁运动沉积不整合面	张崖子	200（米）	其上为晚元古代龙山组砂岩
		鸡冠山	2000（米）	其下为新太古界变质花岗岩
2	蓟县运动平行不整合面	黄土营	40（米）	其上为寒武系府君山组灰岩
		东部落	20（米）	其下为青白口系景儿峪组泥灰岩
3	加里东运动平行不整合面	石岭	50（米）	其上为中石炭统本溪组砂岩
		石门寨西	50（米）	其下为中奥陶统马家沟组灰岩
4	海西运动不整合面	黑山窑	20（米）	其上为上三叠统黑山窑组砂页岩 其下为上二叠统石千峰组砂砾岩
5	印支运动不整合面	黑山窑西沟	20（米）	其上为下侏罗统门头沟组砾岩 其下为上三叠统黑山窑组砂页岩
		瓦家山	20（米）	其上为下侏罗统门头沟组砾岩 其下为上三叠统黑山窑组砂页岩
6	燕山运动不整合面	瓦家山	100（米）	其上为中侏罗统髫髻山组火山岩 其下为下侏罗统门头沟组砂页岩

现在，就让我们以吕梁运动沉积不整合面为例，为大家作一个介绍。

距今25亿年之前的时候，正是新太古代的晚期，我们这里是一片汪洋，即原始古洋，也是我们这里第一次为海的时期。

　　新太古代结束，五台 - 吕梁地质构造运动，使洋底抬升，成为高高的山脉，因为这里现在是张崖子村的所在地，我们把这座大山称为"张崖子山"。张崖子山开始遭受风化剥蚀，逐渐演变成为高低起伏的准平原，地表留下了一层古风化壳。这个过程一直持续了 16 亿年。16 亿年以来，这里缺失了早元古代、中元古代和晚元古代早期的沉积。这是我们这里的第一次为陆。

　　从距今 9 亿年前开始，晚元古代的晚期，地壳下降，这里第二次成为大海，张崖子山沉入大海，称之为"张崖子海"。张崖子海开始接受沉积，纯净的石英砂形成了厚厚的水下沙坝。后来经过长期的压实、胶结，终于演变成我们看到的晚元古界青白口系长龙山组石英砂岩。

　　柳江盆地用两类岩石间的一次不整合，记录了这一次规模巨大的地质构造运动。

　　柳江盆地的六大不整合面，就是六次地质构造运动的"黑匣子"，六次山海变迁的秘密档案。现在，被人发现了，原来都在柳江盆地，这是大自然赐予我们的一份无比珍贵的遗产。

柳江盆地的岩石

吉　羊　姜耀俭

　　有人说，到柳江盆地就是看石头，石头有什么看头？我来告诉您，您可千万不要小看了大山上那些普普通通的石头。石头的学名叫作岩石，岩石是地球演化的记录，是一宗宗地质事件的"黑匣子"。岩石的身上，写满了密码，谁能读懂这些密码，就读懂了岩石，读懂了地球演化的历史，就能解密那些古老的地质事件的由来、过程与结局。

　　地球上的岩石分为三大类，即岩浆岩、沉积岩、变质岩。

　　岩浆岩，顾名思义，和岩浆有关，岩浆来自地下深层。岩浆岩，又称火成岩，和高温有关。岩浆岩是由地下熔融的岩浆冷却凝固之后所形成的岩石。岩浆喷出地表，在地表冷却凝固之后所形成的岩石，称为火山岩。

　　柳江盆地中部的瓦家山、大洼山，大小傍水崖，末庄、房庄、老君顶、义院口、板厂峪、董家口，以及柳江盆地东南部的蟠桃峪、燕塞湖，以及角山等处，都有火山岩和火山地貌的分布。

　　侵入岩系指地下炽热岩浆侵入地壳内凝固而成的岩石。侵入岩可分为深成岩和浅成岩。在柳江盆地的西侧，有祖山岩体，东边的朱清峪、九门口，东南方的角山、长寿山，构成后石湖山岩体。这是两个深成岩形成的岩体，分布着距今1.4亿年的中生代侏罗纪时期形成的侵入岩——花岗岩；在盆地内部，分布着许多小型的岩株、岩盖、岩墙、岩床，以及数不清的细小的岩脉等。盆地中部的大洼山、瓦家山、大小傍水崖、老君顶、义院口、板厂峪，直到董家口一带，是侏罗纪时期喷出地表的火山岩。这些地方几乎都是风景如画，是城里人向往的生态旅游风景区。

以上说的是高温条件下形成的岩浆岩，那么，在常温条件下形成的就是沉积岩了。沉积岩是在地表或接近地表的地方，将已经形成的各种岩石的风化产物，经过水流、风力或冰川的搬运、沉积、成岩作用形成的岩石。石灰岩和白云岩是在海洋里形成的钙镁质沉积岩；页岩和砂岩，是可以形成于海洋里，也能形成在湖泊里的泥沙质沉积岩；砾岩大多形成在河床、沟谷的环境中；煤炭形成在沼泽中。

古人云：谦受益，满招损。只有在低凹的地方才能接受沉积，最终形成沉积岩。柳江盆地曾经四次为海，也曾经是河流纵横、湖泊成群的地方，所以大自然留给我们的沉积岩是非常丰富的，可以说是海里的、湖里的、河里的，应有尽有。柳江盆地是一本厚厚的沉积岩教学研究的百科全书。

在柳江盆地，沉积岩分布的地区，都是从晚元古代开始的、有水的湿地环境。张崖子、鸡冠山一带的石英砂岩，是9亿年前的海滩和水下沙坝，东部落、揣庄、茶庄、亮甲山、北林子一带的石灰岩，是距今5亿至4亿年的浅海、海湾和潮坪，石岭、半壁店、欢喜岭、大槽沟、黑山窑一带的砾岩、砂岩、页岩、粘土矿和煤系地层，是距今3亿至2亿年前的河流、湖泊和沼泽。在沉积岩地层中，经常可以发现远古时代的化石，对破译岩石形成时期的气候、环境的条件和变化，有着特殊重要的意义；一些石灰岩地区还能形成奇特而又美丽的象鼻山、溶洞、石芽和"太湖石"。

三大岩类中，除了岩浆岩和沉积岩，还有一个岩类叫作变质岩，是地壳中已存在的岩石，在固态条件下，受到地球内部力量（温度、压力、应力的变化、化学成分等）改造而成的新型岩石。变质岩，在柳江盆地和秦皇岛沿海地带都有广泛的分布和精彩的表现。盆地东边的李庄、龙泉庄、张崖子，南边的连峪、老观峪、鸡冠山、大平台，分布着柳江盆地的岩石之父——距今25亿年前形成的新太古代变质花岗岩；在祖山花岗岩和柳江盆地沉积岩接触带上的花厂峪、车厂、吴庄、楸子峪、柳观峪、上平山、孤石峪一线，是萤石、重晶石、铁、铜、铅、锌等等小型"接触变质"类型的成矿带，是变质岩对我们的赐予。

柳江盆地的岩石，无言地诉说着这一幕幕沧海桑田变化的历史大剧。

柳江瑰宝——地质奇观

吉　羊　姜耀俭

　　行走在柳江盆地的山山水水，美丽的风光常常令人流连忘返，山海的变迁演化让人感慨万分。而大自然的鬼斧神工留给我们的那些神奇的地质景观，震撼人心，令目击者赞叹不已。现在，我就带领诸位一起来欣赏柳江盆地最具吸引力的几处地质奇观。

古火山口石简峡

　　如果您来到柳江盆地的一条沟谷，能让您侧身仰望，脱口喊上一句："哎呀，我的妈呀！"那么这个地方一定就是石简峡。

　　石简峡，宛如刀砍斧削一般的石壁，雄伟壮观、高耸入云。见棱见方的柱状岩石，就像是中国古代的竹简，并排而立，有地质学家给它起了一个非常形象的名字——石简峡。石简峡高大挺拔，令无数游人叹为观止。那么，这些直立的像竹简一样形状的石壁究竟是怎样形成的呢？

　　在距今1.4亿年前的侏罗纪的时候，柳江盆地的柳条庄、大洼山、大小傍水崖、老君顶、义院口、板厂峪、董家口一带，发生了大规模的火山爆发，石简峡一带是一个中生代的古火山口。

我们知道，地下的岩浆喷出地表，冷凝成岩，叫作喷出岩。没有喷出地表，在地下运行，冷凝成岩，叫作侵入岩。组成石简峡的岩石，位于喷出岩的根部，侵入岩的顶部，是一种介于二者之间的一种特殊的岩石。它是火山喷发的最后阶段，由于压力变小，最后没有喷出地表，还残留在火山口里的岩浆冷凝之后，叫作次火山岩。次火山岩所在的位置，就是火山口。

石简峡次火山岩的大柱子是怎样形成的呢？因为柱子之间有垂直的裂隙。这些垂直的裂隙又是怎样形成的呢？

这些裂隙大致有两种：一种是原生的，一种是次生的。

原生的裂隙是由熔融状态的岩浆，在冷却凝固成为岩石的过程中，温度降低，失去大量水分，体积缩小，而产生的裂隙。就像家里熬的稠粥，放了一段时间后，出现的裂缝；也像干涸的河滩湖滨出现的龟裂；还像到了寒冷干旱的季节，我们的手、脚、嘴唇都会出现的裂纹一样。天下万物同理，温度降低，大量脱水，岩石也会出现裂隙。

还有一种裂隙是次生的，是在形成岩石之后，在地壳活动中受到力的作用，遭受挤压、拉动、撞击而形成的，就像我们用大锤砸石头，装甲车轧过土地，树木折断等情况下出现的裂纹一样，这种次生的裂隙也大量存在。

石简峡一带的岩石是由具有原生裂隙的火山熔岩形成的，这里的垂直裂隙特别鲜明，成为四方柱体，每一块岩石宽 5 米左右，高则达到百米开外。这样壮观的地貌形态是十分罕见的。

在我国，新生代火山口保存比较完好，观赏性较强，如"五大连池"，形成于 1720 年，至今还不到 300 年。而中生代的火山口距今的历史则十分久远，达到一亿多年，能完整地保存下来的就太少了，而被发现并具有可观赏性的就更为罕见了。

2005 年，石简峡古火山口刚刚被发现的时候，召开过一个专家论证会，专家们给出的评语中，有一段仿佛是用诗一般的语言写成的："古火山口的存在不是奇迹，经历了一亿多年，基本未受破坏，保存完整，才是真正的奇迹。"石简峡古火山口及周边地质地貌是难得的"火山地质百科全书"。

沙河寨的象鼻山

大家都知道在广西桂林有一座象鼻山，那您知道在咱们秦皇岛也有一座象鼻山吗？这座象鼻山就在柳江盆地东部的沙河寨村北。沙河西岸，二象戏水，一大一小，惟妙惟肖，越看越像。

象鼻山属岩溶地貌，也叫喀斯特地貌。岩溶地貌是地下水、地表水在二氧化碳的参与下，对碳酸盐岩类岩石发生溶蚀作用而形成的一种特殊地貌。

在石灰岩分布的地区，地表以下至丰水期潜水面以上，容易形成垂直裂隙和落水洞，比如在柳江盆地的砂锅店东山，在楸子峪村南，就能看到这种地貌。

在丰水期潜水面至枯水期潜水面之间，丰水期地下水呈水平流动，枯水期呈垂直流动，容易形成垂直溶洞和水平溶洞。

在枯水期潜水面以下，直到能补给河流的深度，地下水流常年呈水平流动补给河流，并且有自由水面，容易形成大规模的水平溶洞。

岩溶作用常常形成峰林、石林、溶洞、暗河、天生桥、天坑、钟乳石、石笋等地貌景观，是重要的旅游资源。桂林漓江山水、云南石林、贵州织金洞、广州肇庆星湖这些著名的旅游区，都是岩溶地貌形成的山水风光。

沙河寨的象鼻山岩溶地貌景观在我国北方十分罕见。组成沙河寨象鼻山的岩石是距今约5.4亿至5.3亿年的古生界寒武系下统府君山组石灰岩。距今5000万年前，受新构造运动的影响，天开海岳，渤海形成了，燕山继续在抬升，形成了今天柳江盆地的山水分布格局。沙河流经这一片石灰岩地区，在地下水潜水面上下，形成了和地表河流流动方向一致的水平溶洞，然后地壳抬升，溶洞暴露地表，与所在岩石奇妙的形态背景珠联璧合，构成二象戏水的地貌景观。

如果石灰岩溶洞分布在距离河流不远的高地之上，就很容易被人类的祖先或者一些动物选作自己的栖身之地。北京房山周口店龙骨山的猿人洞和山顶洞，就是北京猿人和山顶洞人的居住地。1981年，孔繁德教授在柳江盆地石门寨镇山羊寨的溶洞里，发现了一个古脊椎动物的化石群，其中就有大约20万年前在我们这里生活的大型哺乳类动物"额鼻角犀"；在驻操营镇的程庄、李庄，地质学家在溶洞里曾经发现过熊、狼的化石；2006年，在板厂峪村的灵仙洞里发现了58个完整的斑鬣狗头骨化石，更是引发全世界动物学界的关注。

所以，岩溶地貌景观不仅非常美丽，其中的"洞藏"也往往十分珍贵。沙河寨象鼻山岩溶地貌景观这样珍贵的旅游资源实在是大自然的无私馈赠，我们必须做好保护传承工作。

板厂峪灵仙洞

在板厂峪村北，西山下的石壁上，有一道石缝，开口的地方向内凹进，赶个阴天下雨的时候，还能站个人，避避雨。

这地方有个故事，说是有一天，村里的几个年轻小伙子在山上看见了一只獾从树丛中窜出，就一路紧追不舍，追到这西山石壁前，眼见得那獾子一头钻进石缝，就没影了。这些年轻人心想：你躲进这石头缝就是没个跑了。于是，又是灌水，又是拢柴火点火，烟熏火燎。谁料想，那石缝就好像是个能够吸风喝水的无底洞，点了那么多柴火，熏了那么多的烟，全被这石缝一丝不剩地吸走了。面对这一场景，几个束手无策的小伙子，仰天长叹，岂料这一抬头，全都傻了眼，直勾勾地看着西山顶上的长城敌楼，敌楼旁边的巨石丛中竟然冒出了缕缕青烟。

板厂峪的许国华是个有心人，他在板厂峪开发旅游业之后，就决定走进这个石缝一探究竟。原来这是一个被淤泥充填封堵的石洞，村里几辈人也没有听说有谁进过这个洞。许国华领着村民开始对这个石洞进行挖掘。发掘十几米后，淤泥中埋藏的一个木牌出现了，上面写着三个繁体字——"灵仙洞"。这个木牌说明，这是一个古洞，是一个有名有姓的溶洞，它就叫"灵仙洞"。

灵仙洞挖了100多米，还没有挖到头。溶洞里有一个高达10多米的大厅。走过大厅，石洞开始分叉，越挖越深。2006年12月下旬的一天，许国华和工人们发现了4个动物的头骨化石。这些化石，牙齿粗大尖利，光洁白亮，有的牙齿长约四五厘米。在随后的日子里，几乎每天都有一两个这样的头骨在这个洞穴的开掘过程中被发现。

许国华不是一个莽撞之人。他立即就给我打电话："吉老师啊，你快来看看吧！我们挖出宝贝了！"我约了东北石油大学的姜耀俭教授，一起来了。我们看了，知道这是哺乳动物的化石，也知道这些化石对印证古地理、古气候、古环境的重要意义，但是我们还是无法鉴别这些究竟是什么动物的化石，就建议许国华赶快和中国科学院古脊椎动物研究所联系，请专家鉴定。

后来，化石越挖越多，这一天，《秦皇岛晚报》的记者姜涛来了，他以一个记者的敏感，决定立即去北京请教专家。2007年1月11日，许国华和姜涛带着化石走进了中科院古脊椎动物和古人类研究所。

当找到专家，打开包裹，拿出化石时，中科院院士邱占祥的眼睛发亮了，连说"好！好！好！"他一眼就断定出这正是亚欧大陆已经灭绝的斑鬣狗的化石！中科院立即安排专家到灵仙洞实地考察，指导进一步的发掘。此次出土的斑鬣狗化石，填补了国内空白。这种仅次于狮群的强大肉食动物一万多年前和猛犸象等多种哺乳动物一起在亚欧大陆灭绝。它们的化石出土对研究那次动物大灭绝具有重大价值。

斑鬣狗，个头比狼大，和藏獒相当，咬合力却比狮子还要强，为群体生活动物。大的斑鬣狗群规模比狼群还大，是非洲仅次于狮群的可怕掠食者。在史前，分布比较广泛，亚欧大陆很多地区都能见到，也是我国常见的史前动物，并曾长期和原始人争夺洞穴和猎物，而现在分布却基本仅限于非洲。

在一个溶洞里发现这么多斑鬣狗化石，而且这么完整，在全国来说是独一无二的。以前其他地方也曾发现过斑鬣狗化石，但基本上都是零碎的下颌骨和牙齿，没有一件完整的。而我国曾经出土的唯一一个完整斑鬣狗头骨化石，是在周口店遗址发现的，但在"二战"期间和北京人头骨化石一起神秘失踪了。

现在，灵仙洞出土的斑鬣狗头骨化石数量已经达到了 58 个，这个数量已经成为亚洲第一。特别是三具较完整的斑鬣狗躯体化石成为全亚洲的首次发现，中科院金昌柱院士的评价是：这个发现是亚洲第一，必将引起世界性的关注。

一块化石就是一段故事，化石越多越完整，故事也就越生动。这样大量完整化石的出土为科研工作者的研究工作提供了丰富的素材，无论是研究哺乳动物的进化，还是探讨 1.1 万年前的那一次动物大灭绝之谜，充满智慧的科学家都能从中得到全新的信息。

奇特的高山石海

在祖山，在板厂峪，高高的山坡上经常会出现一个个由破碎岩石组成的、面积很大的岩石堆。有些岩石堆中，岩石的块体大小不一，相差很大，有些岩石堆则比较均匀。有人会产生一种疑问：是谁把这些岩石打碎？他是用什么办法打碎这些岩石的？他打碎这些岩石要干什么？为什么千辛万苦把岩石打成碎块，又不运走，却遗弃在这荒山野岭？

其实，这些岩石堆不是人力所为，是大自然的杰作，是风化作用的产物，它的学名叫作石海。风化作用包括三种类型：物理风化、化学风化和生物风化。其中，物理风化是形成石海的主要地质作用。物理风化是在地表或近地表环境中进行的。物理风化进行的程度，首先还是决定于岩石本身的性质。岩石形成时的温度、压力条件与地表条件的差异越大，物理风化就越容易发生和进行。形成石海的母岩，大多都是岩浆岩，例如花岗岩和火山熔岩，它们都是在高温高压条件下形成的熔融的岩浆冷却凝固而成的。一旦暴露地表，处在常温常压条件时，就非常容易遭受风化。比如温度变化，组成岩石的矿物不均一地热胀冷缩，造成岩石破裂。再如，白天的时候，岩石表面会被太阳晒得发烫，会发生热胀，而向内部导热很慢，里边还是凉的，没有发生热胀；夜晚的时候，岩石表面迅速变冷，会发生冷缩，而白天缓慢传向内部的热量，又会使内部发生热胀。当热胀冷缩，表里不一，周而复始，长期进行，只会产生一个结果，就是岩石破裂。

同时，花岗岩和火山熔岩中还有许多裂隙，叫作节理。节理是岩石风化破碎的主要内在条件之一，它的存在极大地降低了岩石的抗风化能力。比如，冬天的白天，节理一旦进了水，夜间就会结冰，体积就会膨胀，作用于岩石，裂隙也会变宽变大。如果把再溶解、再存水、再结冰的过程反反复复进行，再加上裂隙两侧的风化剥落，这裂隙就会越来越大，直至有一天就会轰然开裂。这种风化作用，叫作冰劈作用。正是冰劈作用，使一块块巨大的岩石，不断地裂开，大块变中块，中块变小块，终于形成石海。

石海在我国青藏高原、西部高山及大兴安岭北部冻土区均有分布。发育石海不仅要岩石坚脆、存在很多裂隙，有一定的水分，更重要的是在0℃上下持续波动的时间要很长很长，这个时间的长度，应该是几百年、几千年，甚至几万年、几十万年。

人常说：时间可以改变一切，这句话，无论在人类社会，还是在自然界，都是一句至理名言。

有一种岩石像竹叶

吉　羊　姜耀俭

在柳江盆地的半壁山村、揣庄、潮水峪等地有一种非常特殊的岩石叫作"竹叶状灰岩"。但它的形成过程却和竹叶毫无关系，那每天涨涨落落的海潮才与之生死相依，密不可分。

当潮水涨起的时候，海水卷起排排巨浪，呐喊着、嘶鸣着冲向大海岸边，狂奔而来，冲上沙滩。海水退潮时，又如同玉手轻拨琴弦，柔婉恬淡，悄无声息地转身归去。

地质地理学科把涨潮时海水到达坡岸的最高点连接起来，称为"高潮线"；把落潮时海水后退到坡岸的最低点连接起来，称为"低潮线"；高潮线和低潮线之间的地带称为"潮间带"。潮间带是海洋和陆地之间的接触带，是海洋地质作用最为活跃的地方。竹叶状灰岩，就形成于潮间带。

组成这种岩石的是许许多多破碎、杂乱无章的石灰岩砾屑，地质学称它为"砾屑灰岩"。从平面上看，这些砾屑像一个个扁扁平平的小饼干，它的形状有圆形、椭圆形或者多边形。如果从纵切面上看，这些砾屑的薄薄的边儿，形状好似竹叶，所以人们才给它起了一个美丽的小名——竹叶状灰岩。

竹叶状灰岩是怎么形成的呢？发源于陆地高山的河流不仅携带着浑浊的泥沙，也含有许多溶解在流水中以离子状态存在的钾、钠、钙、镁等成分。当河流进入大海，在水深200米之内的大陆架上，泥沙沉积成河口三角洲或水下沙坝；钾和纳的溶解度特别高，很少能够沉积成岩石，就以离子状态留在海水之中，使海水又苦又咸；钙离子和镁离子却往往容易和海水之中的碳酸根离子结合，形成石灰质的"钙泥"和白云质的"镁泥"。

海面上经常会出现大风天气，有时还会出现热带风暴和龙卷风，这时候，大陆架上一些海水较浅的地方所沉积的"钙质软泥"就会被大片大片地掀起，抛向高高的天空，经过反复的高抛和落下，钙泥就被击得粉碎，成为碎片。当风暴停息之后，这些被抛在潮间带的碎片便随着潮水涨涨落落，被撕裂的边部，也由运动的海水逐渐磨蚀变薄，成为中间略厚，四周略薄的薄片。在此后的时光里，这些碎片被逐渐堆积起来，经过压实、脱水、成岩过程，形成砾屑石灰岩和砾屑白云岩。由于在地壳里钙比镁的含量要多，所以我们能见到大量的砾屑石灰岩比砾屑白云岩要多一些。

在柳江盆地见到的竹叶状灰岩有灰色和紫红色两种。岩石的不同颜色可以指示它们的形成环境。一种砾屑灰岩很少暴露地表，甚至与空气隔绝，经常处于一种"缺氧"的环境中，组成它们的化学成分里的微量的铁，就以2价铁离子的状态存在。2价铁离子的颜色是不同程度的灰色，所以这时形成的竹叶状灰岩也就是灰色的了。紫红色的就不同了。紫红色说明砾屑在形成过程中，曾经发生过地壳的抬升，砾屑在潮间带暴露地表，接受氧化。由于组成它们的化学成分里的微量的铁，是以 3 价铁离子的状态存在的。3 价铁离子的颜色是不同程度的红色。如果再注意观察一下，这些砾屑的外表，还有一个紫红色的圈，那是因为砾屑暴露时间越长，风化程度越高，其表面就会呈现出紫红色。所以，地质学家就把这种形成过程中曾经暴露地表的竹叶状灰岩称为"带氧化圈的竹叶状灰岩"。

柳江盆地的竹叶状灰岩形成于距今 5 亿年前后的早古生代寒武纪晚期，因为外形美观，这种竹叶状灰岩甚至可以加工制作成漂亮的工艺品。

柳江盆地的先驱者

吉　羊　姜耀俭

　　来到柳江盆地，总感觉手里好像拿着一把钥匙，走着走着，就能开启一段尘封的历史往事，激起对那些地质学大师的思念和崇敬。早年来柳江的大师，屈指数来，应该有一二十位，他们是我们最不应该忘怀的先驱者。

　　李希霍芬（1833—1905），德国地理学家、地质学家，历任柏林大学地理学教授和柏林大学校长、柏林国际地理学会会长、波恩大学地质学教授、莱比锡大学地理学教授等。近代早期中国地学研究专家。1869 年，李希霍芬考察柳江煤矿及地质。

　　1868 ～ 1872 年间，李希霍芬到中国考察旅行，走遍了大半个中国（14 个省区），调查了地质、矿藏、黄土、海岸性质和构造线分布等。1869 年 6 月，李希霍芬对柳江盆地及煤田进行考察。

　　1877 年开始，李希霍芬先后写出并发表了五卷并带有附图的《中国——亲身旅行的成果和以之为根据的研究》。这部巨著是他 4 年考察的研究结晶，对当时及以后的地学界都有重要的影响。

　　翁文灏 (1889—1971)，浙江鄞县人，中国早期著名地质学家。

翁文灏对中国地质学教育、矿产开探、地震研究等多方面均有杰出贡献。翁文灏是中国第一位地质学博士、中国第一本《地质学讲义》的编写者、第一位撰写中国矿产志的中国学者、中国第一张着色全国地质图的编制者、中国第一位考查地震灾害并出版地震专著的学者、第一份《中国矿业纪要》的创办者之一、第一位代表中国出席国际地质会议的地质学者、第一位系统而科学地研究中国山脉的中国学者、第一位对中国煤炭按其化学成分进行分类的学者、燕山运动及与之有关的岩浆活动和金属矿床形成理论的首创者、开发中国第一个油田的组织领导者。翁文灏1912年获比利时鲁凡大学理学博士学位。1913～1916年，翁文灏任农商部地质研究所教师，后历任地质调查所所长、北京大学地质系教授、清华大学代理校长、中国矿业大学的前身——焦作工学院常务校董，国民政府国防设计委员会（即资源委员会的前身）秘书长等职，后又历任国民政府行政院秘书长、行政院副院长、院长等职。翁文灏在地质研究所任教期间，曾于1916年带领一批学员来柳江盆地进行地质考察。

丁文江 (1887—1936)，江苏泰兴人，地质学家、地质教育家，中国地质事业的奠基人之一。1902年，15岁的丁文江东渡日本留学。1904～1911年，丁文江先后在英国剑桥大学、格拉斯哥大学攻读动物学和地质学，1911年，丁文江回国。

1913年，丁文江与章鸿钊等创办农商部地质研究所，培养地质人才，并任所长。1916年，丁文江与章鸿钊、翁文灏一起组建农商部地质调查所，并担任所长。丁文江为中国地质学会创立会员，1922年主持召开了中国地质学会第一次筹备会议，1923年当选为中国地质学会第二届会长。1931 年，丁文江任北京大学地质学教授。1933 年，丁文江出席第 16 届国际地质大会。丁文江曾担任《中国古生物志》主编长达 15 年。他在地质研究所任教期间，曾于 1916 年带领学员来柳江盆地进行地质考察。

叶良辅（1894—1949），浙江杭州人。1913 ～ 1916 年，叶良辅就读于农商部地质研究所。1920 年 1 月 ～ 1922 年 6 月，叶良辅在美国哥伦比亚大学地质系进修，获理学硕士学位。归国后，叶良辅在北京大学、中山大学、浙江大学担任教授。1935 年，叶良辅任中国地质学会第十二届理事会理事长。1949 年 9 月，叶良辅病逝于杭州，他是我国第一批地质工作者之一，是我国岩浆岩岩石学、地貌学的奠基者之一。

刘季辰（1895— ？ ），安徽淮北人。1913 ～ 1916 年，刘季辰就读于农商部地质研究所，同年入地质调查所任职。刘季辰的主要著作有《直隶磁县地质》《直隶滦县唐山石炭纪石灰岩》等书，并与王竹泉合撰《安徽安庆贵池太湖宿松四县煤矿》，与朱庭祜等合著《京兆宛平怀来县间地质报告》等。

1919 年 7 月，中国地质学家刘季辰、叶良辅来柳江做煤田地质调查时，创建亮甲山组标准剖面，创建云山砂岩和南山砂岩。二人合作完成的《直隶临榆县柳江煤田报告》，报告附有地质图一份，发表在农商部地质调查所地质汇报第 1 号上。

葛利普（1870—1946），美国地质学家、古生物学家、地层学家、中国地质专家、教育家。1920 年，葛利普应聘到中国，任农商部地质调查所古生物室主任、北京大学地质系系主任。抗日战争时期，葛利普曾被侵华日军送进北平集中营。1946 年 3 月，葛利普在北平病逝。

葛利普把自己的后半生贡献给了中国的地质事业。中国最早一批地层古生物学者大都出自葛利普的门下。1922年他协助丁文江创办了《中国古生物志》，撰写发表了8部《中国古生物志》专著，为我国古生物学研究奠定了坚实的基础。他所著的《中国地质史》和《亚洲古地理图》，是对中国地层和亚洲古地理的系统总结。1922年、1924年，葛利普先后两次到柳江盆地进行地质调查，在《中国北方奥陶纪动物化石》一书中引用了德国地质学家马底幼在柳江盆地石门寨一带所作的剖面。

而最难让人忘怀的则是20世纪20年代北京大学地质系的六名师生，他们开柳江盆地地质实习之先河，人称"柳江盆地六君子"。

1923年，一位年轻教师带领着五名大学生，在柳江盆地崎岖的山路上艰难行走，他们一路指点江山，不断敲打岩石，探寻海陆变迁的证据。他们把柳江盆地作为第二课堂，在这里进行野外地质实习。

那位带队实习的年轻教师只有28岁，他1895年出生于江苏高邮。1920年，他是北京大学地质系首届毕业生之一，并以优异成绩留校，担任助教。1923年，他带领本系即将毕业的五名学生来柳江盆地实习。他在柳江盆地发现了三叶虫化石，科学界以他的姓名命名，称为"孙氏虫"。他曾经担任中国地质学会的理事长。抗日战争时期，他是西南联大地质地理气象系教授兼主任。1946年北京大学复校后，他是地质系教授兼主任，被选为当时的"中央研究院"院士。中华人民共和国成立后，他继续在北大任原职。1952年，他出任地质部教育司司长，1955年当选为中国科学院院士。他就是我国地质教学的一代宗师——孙云铸教授。

当时随孙云铸一同到柳江盆地实习的五名学生，按出生年代，1897年一名，1898年一名，1899年三名，和老师相比，小不了几岁，可以称作是同龄人。先说1897年的这一位，来自陕西华阴，只比老师小两岁。这位学生日后成为中国古生物研究的领军人物，他领导了周口店北京猿人遗址的发掘，是著名的"禄丰龙""马门溪龙"等许多爬行动物的发现者和研究者，是最早倡导"黄土风成说"的中国学者。他曾任北京大学、北京师范大学、西南联合大学、重庆大学的教授，西北大学的教授和校长，是北京自然博物馆的首任馆长。他就是中国古脊椎动物学的奠基人、中科院院士——杨钟健教授。

这师生六人中还有一位中科院院士，他是土家族人，1899年出生在湖南大庸，1975年去世。从北京大学毕业后，他考入当时的农商部地质调查所，任调查员。1927年，他回到家乡，历任湖南省地质调查所调查主任、所长等职，在湖南大学任矿冶系教授。在极度困难的环境里，他使湖南省的地质调查工作蓬勃开展，硕果累累。新中国成立后，他历任政委院中国地质工作计划指导委员会委员、中南地质调查所所长、中南地质局副局长兼特级总工程师、全国矿产含储量委员会副主任兼总工程师、地质部地质矿产司副司长兼总工程师。他在基础地质，特别是在古生代泥盆纪古生物学和生物地层学的研究方面取得了很高的学术成就，是中国泥盆纪研究的开创者和奠基人，著有《中国石炭纪海百合化石》《中国之泥盆纪》《湖南泥盆纪腕足类》等学术专著。他就是后来被地质界尊称为"田泥盆"的田奇镌教授。1955年，田奇镌当选为首批中国科学院学部委员。

此六人中，有一位 1899 年生于浙江黄岩，北大毕业后，赴德国留学，入慕尼黑大学，获地质学博士学位。归国后，历任两广地质调查所陈列股股长、中央研究院专任研究员、武汉大学教授、中央大学教授、西北农林专科学校教授兼教务长，1941 年 8 月到西北大学，任地质系教授兼系主任。他先后组建了 7 支地质勘探队，指导延长油矿、铜川煤矿等地质勘测开发工作，功勋卓著。他就是不仅注重地质科研与教学，更注重地质勘探实际工作的王恭睦教授。

这六名学生中有两位来自河北，其中，礼县一位，定县一位。礼县的这位，从北京大学地质学系毕业后，1928 年获维也纳大学博士学位，回国后曾任中山大学教授、系主任，清华大学教授、系主任，西南联合大学教授。他参加了北京地质学院（后更名为中国地质大学）的筹建工作，历任学院的教授、副教务长、副院长。他就是著名的地质学教育家张席禔教授。

而来自定县的这一位，在中国地质界更是大名鼎鼎。他 1923 年毕业后留校任教，此后六年时光，足迹遍及大半个中国，调查研究过东北的辽宁本溪煤田；华北的河北磁县、临城、开滦煤田；华东的山东章邱煤田、浙江西部 20 余县地质矿产；中南的河南安阳煤田、湖北西部地质矿产；西南的四川、云南地质矿产；西北的陕西秦岭地质矿产。他为此发表了大量的论文和报告，非凡的才华和卓越的成就，受到国内外地质界的一致推崇，称赞他"著作等身，才调无伦"，是中国地质学界一颗冉冉升起的新星。可是，1929 年 11 月 15 日，他在云南昭通县进行地质考察时，竟然被土匪枪杀，震惊了当时的国内外地质学界。他就是令人赞叹唏嘘的地质奇才赵亚曾。

也许这些先驱者没有想到，他们的双脚，为中国地质事业开辟了一块基地，让柳江盆地担起了一个责任，从此，柳江盆地成为无数青年才俊的成长摇篮，成为他们矢志地质科学道路的起点。

柳江盆地的这些先驱者，为厘清这方土地来龙去脉而殚精竭虑，他们在这里修养磨炼，终成大器，柳江盆地的百姓以及这里的山川草木也将永远怀念他们。

访秦皇岛柳江地学博物馆

王红利

柳江盆地位于海港区东北部的石门寨镇，25亿年以来，柳江盆地曾经历了四次为海、四次成山的海陆变迁，保存了太古代、元古代、古生代、中生代、新生代五个地质时代留下的地质遗迹，这是东到朝鲜半岛，西至嘉峪关所能见到的全国唯一一个地质变化最全的地质遗迹，被地学界誉为"地学百科全书"，多属低山、丘陵，基岩裸露，组成岩石及地貌类型丰富、华北型地层齐全、构造明显，因此一直享有地学研究"天然实验室"和"自然博物馆"之称，也是我国规模最大的地学野外实习基地。

一座柳江盆地

柳江盆地的科研价值发现，可以追溯到一个多世纪以前。1869年，中国现代地质学的先驱者、德国地质学家李希霍芬来到柳江盆地，考察这里的煤田地质，比秦皇岛开埠的时间还早了30年。1916年，我国现代地质学开山鼻祖、中国第一个地质学博士翁文灏以及中国地质事业的奠基人之一的丁文江等人率领我国第一个地质研究机构"地质调查所"的同仁们来柳江盆地进行地质调查。1919年，叶良辅、刘季辰来到柳江做煤田地质调查，创建了亮甲山组标准剖面，合作撰写《直隶临榆县柳江煤田报告》，报告附有地质图一份，并发表于学术刊物《地质汇报》的创刊号上，首次确定了"亮甲山灰岩"建立了"南山砂岩"和"云山砂岩"。1922年，德国地质学家马底幼在《直隶临榆县附近地质图》建立了"柳江煤系"、在石门寨北面的亮甲山建"亮甲山组"。同年，美国地质学家葛利普在《中国古生物志》中列出了"亮甲山灰岩"，柳江盆地亮甲山从此扬名于世；1959年，全国第一次地层会议确定了"亮甲山组"，柳江盆地更加引人注目。

1923年，北京大学地质系当时年仅28岁的青年教师孙云铸，带领杨钟健、张席禔、田奇隽、赵亚曾、王恭睦5名学生来到秦皇岛柳江盆地进行野外地质实习，从此正式开启了柳江盆地地质野外实习之先河。

近百年来，柳江盆地吸引了无数大名鼎鼎的地质学前辈和众多学子，他们蜂拥至此，在这里进行科学研究和野外地质实习。偏居海岛一隅的柳江盆地虽然不曾像沿海富庶地区一样地肥水美，但在地质学界却声名显赫，因为从这里曾经走出十多名院士，走出了数以万计的地质学和地理学的教授、专家、学者。如今，柳江盆地已经成为我国规模最大的地学科研、教学和科普基地。所以，柳江盆地素有"现代地学发祥地"之誉。

东北石油大学秦皇岛分校姜耀俭教授认为：柳江盆地中大部分年代的地层都有，岩石种类很多，是地质研究的典范，所以每年6月中旬到8月中旬，他都要带学生来这里实习。虽然野外实习基地不是只有柳江盆地一个，譬如北京周口店，辽宁兴城、本溪、凌源等地也有地质实习基地，但没有哪一个地方像柳江盆地的地质构造如此齐全。

地学百科全书

柳江盆地南北长 20 余千米，东西宽 15 千米，区区弹丸之地，却分布着太古代、元古代、古生代、中生代、新生代五个地质时代所形成的地层和地质遗迹，正所谓"百川沸腾，山冢崒崩。高岸为谷，深谷为陵"，25 亿年以来的沧海桑田、生物演化的沧桑历史，尽萃于斯。在吉羊先生所撰写的《柳江赋》中有"弹丸之地，五代同堂"的句子，即是此意。

在 240 平方公里的较小范围内，浓缩了中国北方 20 多亿年以来各个地质历史时期形成的 24 个组级地层单位、六大地壳不整合面和多种典型地质构造与地貌，区内各年代沉积地层发育良好，底层单位界线清晰，化石丰富多样。包含了对追溯地质历史具有重大科学研究价值的典型层型剖面、生物化石组合带地层剖面、岩性岩相建造剖面及典型地质构造剖面和构造形迹，面积小而内容丰富，为国内罕见。其内三套地层及三大岩类分布广泛，均为自然露头，地层完整，界限清楚，岩类齐全，化石丰富，沉积构造发育，被公认为"天然地质博物馆"。

为了使这一大自然赋予人类的宝贵遗产得到有效保护，1999年，河北省人民政府批准建立"秦皇岛柳江盆地地质遗迹省级自然保护区"；2000 年成立了柳江盆地自然保护区管理处；2002 年，国土资源部批准成为与安徽黄山、黄河壶口瀑布、甘肃敦煌雅丹等同时挂牌的国家地质公园；2005 年，经国务院批准晋升为国家级自然保护区。2014 年 5 月 18 日，第 38 个"国际博物馆日"之际，河北国土资源厅秦皇岛柳江地学博物馆建成开馆，目的是让更多人可以一睹柳江盆地这本神奇的"地学百科全书"的芳姿。

展馆五个单元

为充分发挥国家级自然保护区和国家地质公园的各项功能，河北柳江盆地地质遗迹国家级自然保护区管理处规划建设了集教学实习、科学研究、科普展示于一体的综合性地学博览园。博览园由柳江地学实习基地、秦皇岛柳江地学博物馆、地质灾害（科普）体验馆和科普广场四部分组成。

早在2006年，管理处就开始谋划筹建秦皇岛柳江地学博物馆。博物馆建筑面积为8122平方米，由地球科学厅、柳江盆地地质遗迹厅、岩矿化石标本厅、秦皇岛国家地质公园景观厅、多媒体报告厅五个单元组成。博物馆运用图版、视频、模型、仿真场景、实物标本等手段，揭示了宇宙及太阳系、地球结构、地质作用、生物演化、柳江盆地海陆变迁及其宝贵的地质遗迹资源和秦皇岛美丽的地质自然景观，展示内容涵盖了地球科学、柳江瑰宝、岩矿化石标本赏析、秦皇岛地质风光等内容，富于科普教育和地学知识宣教功能，是融科学性、知识性、观赏性和趣味性为一体的地学博物馆。

进入地学博物馆，首先看到的是地球科学厅，一枚硕大的"地球"呈现眼前，原来地球的构造可以用"里三层，外三层"来概括，"里三层"指的是由地壳、地幔、地核组成的固体地球；"外三层"指的是固体地球之外的大气圈、水圈、生物圈。其后，是各种地学知识展板，在这里驻足，可以学习到各种地学知识，比如褶皱、断层、地震，大陆漂移学说，板块学说，火山、岩浆作用，日食、月食，二十四节气以及人类的进化等。

其次是地质遗迹厅，该展厅从柳江盆地的地层特征、海陆变迁、典型地质遗迹、先驱足迹、学术成就等方面介绍了柳江盆地的科学内涵。天地玄黄，宇宙洪荒，25亿年的漫长岁月在柳江盆地留下的地质遗迹琳琅满目。这里有巍然壮观震撼人心的石简峡古火山口，有横亘在盆地南部边缘高大雄伟的黑山窑断层壁，有号称"九龙壁"的吴庄垭口褶曲岩层，有惟妙惟肖的沙河寨象鼻山，有堪称"柳江名片"的亮甲山灰岩以及各种岩墙、岩床，有河流侵蚀作用留下的大傍水离堆山，有花团锦簇一般的百印台球状风化，还有如同一面大鼓的南刁部落旋转构造，把这些地质遗迹称为"柳江瑰宝"简直恰如其分。在地质遗迹厅正中央是一幅巨大的柳江盆地立体地形图，按照自然方向制作，比例尺为1：4000。其最大的特点就是把等高线立体化，通过电子设备反映出地质地貌、山地河流、桥梁道路、乡镇村庄等内容。在这个立体地形图上，不仅有常用的实习路线和典型的地质地貌景观，还有柳江盆地地质遗迹的保护区域，可供地质教学时使用。

再次，进入岩矿化石标本厅。柳江盆地地负海涵，博大丰厚，绵延静默，但这些岩石矿物化石标本却仿佛在无声地诉说着那漫长而悠远的岁月里发生的一切，这也正应了那句歌词"精美的石头会唱歌"。据了解，标本厅内展出的所有岩石标本均采自柳江盆地，为了增加矿物标本和化石标本的多样性和观赏性，有部分展品采自国内其他地区，也有少量来自国外。

最后看到的是秦皇岛国家地质公园景观厅，秦皇岛市的地质风光集中展现在位于城市区北部山区的"秦皇岛国家地质公园"

和东部的沿海一线。秦皇岛国家地质公园，位于秦皇岛市北部山区，有着丰富的科学内涵、美丽的自然风光，由柳江盆地地质遗迹景观区和长寿山、角山、燕塞湖、祖山山水风光景观区五个部分组成。秦皇岛堪称地球上各种地貌形态的集大成者。因为在这里，既有常见的山地、河流、盆地、湖泊、平原景观，更有罕见的古火山、古冰川留下的遗迹，以及飞流直下的瀑布、惟妙惟肖的象鼻山、蕴藏珍贵化石的地下溶洞、依然处在运动状态的现代沙漠地貌和千姿百态的海滨地貌。虽然这些单独的地貌形态随处皆有，但若想把它们集合到一处，除了秦皇岛，世间再难觅第二处。

当然，博览园内面积广阔，譬如柳江地学实习基地、地质灾害（科普）体验馆和科普广场几个单元也都设置得颇有意趣。柳江地学实习基地的有些老房子建于1958年，那是一个听起来很遥远的年代，在房子的山墙上面除了建设年份还有"勤俭办学"和"学生自建"的字样以及一枚五角星。地质灾害（科普）体验馆内除了科普展厅还有4D电影，其中播放最多的是一部《灾难警示录》，通过各种模拟特效让人对地震、火山、泥石流、海啸等地质灾害有了更直观的感受，从而激发爱护地球的意识，同时也应提高防灾意识和避险自救的能力。室外科普广场建设面积10000余平方米，由摇篮曲广场、地质遗迹微缩景观墙、标本广场三部分组成。以群雕、地质遗迹微缩景观墙、大型岩矿石标本展示的形式，展现柳江盆地在地球演化过程中由于地壳运动、岩浆活动、沉积环境变化作用而形成的各种典型地质现象景观和地质前辈们奉献于地质事业的工作场景。

文化是一座城市的灵魂，博物馆作为承载文化、传承文化的殿堂培育了一座城市的形象，彰显城市个性魅力和文化特色。柳江地学博物馆在秦皇岛乃至全国都有较高的知名度和影响力，我们应该用心呵护它并着力发展博物馆事业，号召更多的人走进博物馆，去了解世界的大千万象，去感受自然的神奇魅力。